MIX
Papier aus verantwortungsvollen Quellen
Paper from responsible sources
FSC® C105338

Marius Herold

Die Integrationsfunktion des öffentlich-rechtlichen Fernsehens

Eine Arbeit am Beispiel des Hauptprogramms des Zweiten Deutschen Fernsehens

Bachelor + Master
Publishing

Herold, Marius: Die Integrationsfunktion des öffentlich-rechtlichen Fernsehens: Eine Arbeit am Beispiel des Hauptprogramms des Zweiten Deutschen Fernsehens, Hamburg, Diplomica Verlag GmbH 2012
Originaltitel der Abschlussarbeit: Die Integrationsfunktion des öffentlich-rechtlichen Fernsehens: Eine Arbeit am Beispiel des Hauptprogramms des Zweiten Deutschen Fernsehens

ISBN: 978-3-86341-458-0
Druck: Bachelor + Master Publishing, ein Imprint der Diplomica® Verlag GmbH, Hamburg, 2012
Zugl. Hochschule Mittweida (FH), Mittweida, Deutschland, Bachelorarbeit, Dezember 2011

Bibliografische Information der Deutschen Nationalbibliothek:
Die Deutsche Nationalbibliothek verzeichnet diese Publikation in der Deutschen Nationalbibliografie; detaillierte bibliografische Daten sind im Internet über http://dnb.d-nb.de abrufbar.

Die digitale Ausgabe (eBook-Ausgabe) dieses Titels trägt die ISBN 978-3-86341-958-5 und kann über den Handel oder den Verlag bezogen werden.

Inhaltsverzeichnis

Abbildungsverzeichnis

Tabellenverzeichnis

1 Einleitung

In der vorliegenden Bachelorarbeit beschäftige ich mich mit der Integrationsfunktion des öffentlich-rechtlichen Rundfunks am Beispiel des ZDF-Hauptprogramms. Gerade heute, in Zeiten der Globalisierung, bricht die Diskussion um Integration nicht ab. Die Geschichte Deutschlands und seiner Maßnahmen für Einwanderer und Integration ist lang. Gibt es wirklich eine Greencard in Deutschland, Rückkehrförderung oder Anwerbung? Gerade wurde das 50. Jubiläum des Anwerbeabkommens gefeiert und Bundeskanzlerin Angela Merkel sagt: „Die Zuwanderer hätten zum Wohlstand Deutschlands beigetragen...Sie sind ein Teil unseres Landes geworden."[1] Aber nicht nur in der Politik ist Integration ein Thema, auch im Sport, in Schulen, Kindergärten und natürlich in den Medien wird sich damit beschäftigt. Nicht zuletzt löste Thilo Sarrazin mit seinem Buch „Deutschland schafft sich ab" eine riesige und vor allem kontroverse Debatte aus. Doch hat er nur ausgesprochen, was viele Deutsche denken? Hat Deutschland ein funktionierendes Integrationskonzept? Und was gehört zum Thema Integration dazu? Eines müssen wir Deutschen auf Grund unserer Geschichte immer beachten: den vorsichtigen und verantwortungsvollen Umgang mit dem Begriff Integration und dem, was Integration beinhaltet. Gerade in der Politik herrscht ein breitgefächertes Verständnis dieses Begriffs. CSU-Chef und bayerischer Ministerpräsident, Horst Seehofer sagt: „Wir wollen eine Gesellschaft des Miteinander und nicht des Neben- oder Gegeneinander, aber wie soll das gehen, wenn man nicht mal die gemeinsame Sprache spricht. Die deutsche Sprache zu erlernen, steht an erster Stelle für Migranten." Der Grünen-Vorsitzende, Cem Özdemir sagt: „Akzeptanz und Zusammenleben auf Basis des Grundgesetzes – das bedeutet Integration." Theo Zwanziger, der Präsident des Deutschen Fußballbundes sagt: „Die Grundlage für eine erfolgreiche Integration ist der respektvolle Umgang von Menschen ohne und mit Migrationshintergrund." Der Arbeitgeberpräsident, Dieter Hundt: „Es ist uns bisher nicht gelungen, die Potentiale junger Migranten so zu entfalten, wie es möglich und für eine gelungene Integration nötig ist."[2] Media Control hat ermittelt, dass 2010 jeder Bundesbürger pro Tag 224 Minuten das Massenmedium Fernsehen nutzt.[3] Mehr als 3 ½ Stunden Fernsehkonsum pro Tag – eine Konsumierdauer, die durchaus als

---

[1] http://www.focus.de/politik/deutschland/50-jahre-anwerbeabkommen-bundesregierung-wuerdigt-tuerkische-zuwanderer_aid_679543.html

[2] http://www.spiegel.de/flash/0,5532,24404,00.html

[3] http://www.sueddeutsche.de/medien/marktforscher-rekordwerte-bei-tv-nutzungsdauer-fernsehland-trotz-internet-1.1042378

meinungsbildend wenn nicht gar meinungsprägend angesehen werden kann. Die Rolle, die dadurch gerade dem Fernsehen und seinem Programm zukommt, ist nicht von der Hand zu weisen.

Tabelle 1: Durchschnittliche Nutzungsdauer von Fernsehen, Hörfunk und Internet; Personen ab 14 J; Min./Tag;

Quelle. http://www.ard.de/intern/basisdaten/onlinenutzung/ onlinenutzung_3A_20zeiten_20und_20dauer //id=55190/1l98aso/index.html , 02.11.2011, 12.00 Uhr

	1997	2000	2005	2006	2007	2008	2009	2010
Fernsehen (Mo-So)1)	196	203	231	235	225	225	228	224
Hörfunk (Mo-So)2)	175	205	193	186	185	186	182	187
Internet (Mo-So)3)	2	17	46	48	54	58	70	77

Aber entsteht daraus auch eine Verpflichtung? Für mich ist interessant, was im Besonderen das Fernsehen zur Integration beiträgt. Auf den Tutzinger Medientagen werden jedes Jahr medienpolitische Themen, Programmfragen und die Programm-entwicklung des Fernsehens erörtert.[4] In diesem Jahr wurde darauf aufmerksam gemacht, dass Einwanderer im Fernsehen kaum eine Rolle spielen, wenn überhaupt, die des Dönerverkäufers.[5] Daher untersuche ich speziell den öffentlich-rechtlichen Rundfunk am Beispiel des ZDF-Hauptprogramms und werde analysieren, ob unter Berücksichtigung der Grundversorgung das ZDF aktiv integrativ in seinem Programmangebot tätig ist.

---

[4] http://www.gep.de/603.php

[5] http://www.spiegel.de/kultur/gesellschaft/0,1518,472203,00.html

2 Integrationsfunktion

2.1 Grundversorgung

1975 verwendete Günter Hermann den Begriff Grundversorgung zum ersten Mal und deutete ihn als Rundfunkprogramm, welches alle Bürger erreicht und interessiert.[6] Diese Definition ist allerdings sehr schwammig und undurchsichtig und trug unwesentlich zur Begriffsklärung bei. 11 Jahre später, 1986, wurde der Begriff der Grundversorgung erstmals im Niedersachsen-Urteil als Definition des Aufgabenbereichs des öffentlich-rechtlichen Rundfunks in der entstandenen dualen Rundfunkordnung, verfassungsrechtlich geklärt.[7] Das duale Rundfunksystem beschreibt lediglich das zeitgleiche Existieren von privatem und öffentlich-rechtlichem Rundfunk. Da private Sender ausschließlich aus Werbeeinnahmen finanziert werden und auf hohe Einschaltquoten angewiesen sind, kommt somit dem öffentlich-rechtlichen Rundfunk der Auftrag der „unerlässlichen Grundversorgung“[8] zu. Die öffentlich-rechtlichen Sender alleine sind durch die sogenannte Mischfinanzierung, d.h. Sie finanzieren sich zu einem kleinen Teil aus Werbeeinahmen, aber zum Großteil aus den staatlichen Gebühren, in der Lage ein inhaltlich umfassendes Programmangebot anzubieten. Daher sind sie nicht von Einschaltquoten abhängig. Wie schwer es ist, den Begriff der Grundversorgung eindeutig zu definieren, zeigen Aussagen in der Fachliteratur: Kull nennt ihn die „Supernova am juristischen Begriffshimmel“[9], Kresse „einen der schillerndsten Begriffe unserer Rechtssprache“[10] und Libertus „oszillierend“[11]. Auch das Bundesverfassungsgericht gab keine konkrete Deutung aus, sondern beschrieb ihn vielmehr als „dynamisch“ und als einen Begriff, welcher sich am Zeitgeist und der gegenständlichen Offenheit[12] orientieren sollte. Um diesen Aufgaben nachzukommen, steht im Vordergrund der Grundversorgung das Erfüllen der Funktionen innerhalb der Gesellschaft. Um diese Funktionen zu verdeutlichen, kann man die Grundversorgung in vier Kernfunktionen aufgliedern,

---

[6] Hermann 1975, 322, 332f

[7] BVerfGE 73, 118/157 4. Rundfunkurteil 1986

[8] BVerfGE 73, 118/157; 74, 297/324

[9] Kull 1987, 462 Archiv für Presserecht

[10] Kresse 1996, 59 Zeitschrift für Urheber- und Medienrecht

[11] Libertus 1991, 59

[12] BVerfGE 83, 238, 299

welche sich aus den verschiedenen Rundfunkurteilen des Bundesverfassungsgerichts und aus medienpolitischen Diskussionen ableiten lassen.[13]

Die Integrationsfunktion strebt den gesellschaftlichen Zusammenhalt und eine identitätsstiftende Themensetzung in der demokratischen Meinungsbildung an. Sie soll eine gemeinsame Informationsbasis schaffen und gemeinsame kulturelle Inhalte vermitteln. Daraus lässt sich schließen, dass der öffentlich-rechtliche Rundfunk politische, kulturelle, gesellschaftlich wichtige und relevante Themen und Informationen darlegen soll, um so die Grundlage der pluralistischen Meinungs-bildung darzustellen. Diese Funktion nimmt einen enorm wichtigen Standpunkt vor dem Hintergrund abnehmender Integration ein, welche sich auf die immer größer werdende Kluft zwischen Arm und Reich, die Verringerung traditioneller Bindungen und die zunehmende Individualisierung, zurückführen lässt.

Lucht spricht von der Forumsfunktion, welche die Meinungsvielfalt sicherstellen soll. Sie hat sich darum zu kümmern, dass Interessen von Mehrheiten und Minderheiten gleichermaßen abgedeckt werden und hat sich um eine möglichst pluralistische Meinungsäußerung zu bemühen. Daraus folgt, dass internationale Abläufe und Politik aus aller Welt ausgestrahlt werden sollen, der sogenannte „globale Informationsanspruch“.[14]

Ein weiterer Punkt ist die Vorbildfunktion, welche zur Erfüllung allgemeiner Qualitätsstandards dient. Der Journalismus muss seriös und professionell, die Programmgestaltung ideenreich und zukunftsweisend sein. Dies bezieht sich sowohl auf den Inhalt, als auch auf die visuelle Gestaltung.

Der letzten Funktion, der Komplementär- oder Garantiefunktion, liegt der Rundfunkstaatsvertrag zu Grunde, welcher eine einheitliche Regelung zwischen allen 16 Bundesländern schafft.[15] Sie ist zuständig für die von der Gesellschaft geforderten Programmformate in Bezug auf die Entfaltung von Demokratie und Kultur.

Die Grundversorgung sollte keinerlei Tendenzen aufweisen und nüchtern, sachlich und neutral über Themen aus Politik, Kultur, Wissen und Gesellschaft berichten. Dies als Richtlinie betrachtet, dienen die vier Kernfunktion dazu, die Qualitätsstandards,

---

[13] Bullinger 1999, 11; Lucht 2004, 200ff; Chen 2003, 52; Plake/Klaus 2004, 310, 320f

[14] Lucht 2004, 280

[15]http://www.die-medienanstalten.de/fileadmin/Download/Rechtsgrundlagen/Gesetze_aktuell/13._RStV_01.04.2010_01.pdf

eine ausreichende, facettenreiche und gesellschaftsrelevante Informations- und Wissensvielfalt und keine verzerrte, sondern die wahrheitsgemäße Berichterstattung zu sichern. Somit soll nicht nur eine Programm- und Informationsvielfalt innerhalb der öffentlich-rechtlichen Sendeanstalten gesichert sein, sondern vielmehr die Ausgeglichenheit und Ausgewogenheit des Inhalts im dualen Rundfunksystem zwischen privaten und öffentlich-rechtlichen Sendern gewährleistet werden.

Denn solange sich der öffentlich-rechtliche Rundfunk um die Grundversorgung kümmert, gelten geringere Ansprüche an den privaten Rundfunk. Jedoch gilt für die Öffentlich-rechtlichen dass sie, solange sie ihren Pflichten nachkommen, in der visuellen Aufbereitung und Darstellung weitgehend frei von Vorschriften sind. Abschließend kann man sagen, dass dem öffentlich-rechtlichen Rundfunk ein gesetzlicher Rahmen vorgegeben ist, in welchem er in der bildlichen Ausgestaltung frei ist, aber auch in der Art und Weise des Inhalts, solange er die ihm auferlegten Funktionen erfüllt.

2.2 Integration

Zunächst einmal ist zu sagen, dass der Begriff der Integration nicht eindeutig zu definieren ist und nahezu inflationär verwendet wird. Allgemein steht er dem Gegenbegriff der Desintegration, der Abgrenzung bzw. Ausgrenzung, gegenüber, was jedoch auch keinen Aufschluss über den eigentlichen Begriff gibt. Süssmuth hingegen ist der Meinung, dass essentielle Dinge über Integration festgehalten werden können und definiert den Begriff wie folgt:

„Es geht um individuelle und gesellschaftliche Teilhabe und Zugehörigkeit. Leitbild ist eine plurale Gesellschaft, die auf der Grundlage einer für alle verbindlichen Werte- und Normenordnung ein Zusammenleben ohne Ausgrenzung anstrebt. Integration von Zuwanderern ist in der Regel ein mittel- bis langfristiger, mitunter sogar mehrere Generationen umfassender, kultureller und sozialer Prozess. Dieser hat bei aller Planung eine ausgeprägte Eigendynamik. Er kann durch eine gute Integrationspolitik gefördert und begleitet werden. Integration liegt nicht nur im Interesse der Mehrheitsbevölkerung.“[16]

Der Begriff soziale Integration beinhaltet mehrere Bedeutungen und kann zum Einen auf die Integration eines Einzelnen in die Gesellschaft deuten oder zum Anderen die

---

[16] Süssmuth 2006, 138

Integration eines Teiles der Gesellschaft in die Gesamtheit meinen.[17] Eines jedoch ist klar, Integration drückt eine Art Wunschdenken aus. Aufgrund der immer größer werdenden Ausdifferenzierung der Einwanderer, was z.B. Herkunft, Religion, Kultur etc. anbelangt, wird es immer schwerer, diesen Wunsch zu erfüllen. Somit wird es auch immer schwerer, eine klare Definition des Integrationsbegriffs zu finden. Hinzu kommt, dass Integration nichts Statisches ist, sondern ein lange dauernder Kultur- und Sozialisationsprozess.[18]

Wirft man einen Blick in die Vergangenheit, so stößt man auf viele verschiedene Erklärungsversuche des Integrationsbegriffs. Staatliche Institutionen verstanden unter Integration „die Erleichterung der Eingliederung der ausländischen Familien durch politisch-administrative Maßnahmen“[19], Kirchen und Hilfswerke hingegen sahen Integration als Gleichberechtigung der Zuwanderer in die Einwanderungsgesellschaft. Die Politik beschrieb sie als eine Art Anpassungsleistung der Eingewanderten.[20] Bürger sahen den Staat in der Pflicht, sich um eine erfolgreiche Integration zu bemühen.[21]

Sieht man heutzutage Menschen miteinander über Integration sprechen, geht es meist darum, ausländische Mitbürger in die Gesellschaft zu integrieren und ethnische und kulturelle Barrieren zu überwinden. Doch ist damit gemeint, dass schon bereits eingewanderte Menschen vollständig in die Gesellschaft integriert sind? Auch der Duden beschreibt Integration als „Vereinigung, Eingliederung und Vervollständigung“, was ebenfalls den Eindruck erweckt, dass die Integration nach der Eingliederung abgeschlossen sei. Integration ist vielmehr ein stetiger Prozess, welcher niemals einen Endzustand oder Abschluss erreicht, sondern für eine Ausprägung und Herausbildung von unterschiedlichen Formen der Vergesellschaftung steht und eine pluralistische und doch in sich geschlossene Gesellschaft zum Ziel hat.[22]

---

[17] Renn 2006, 46

[18] Bade 2007, 37

[19] Mahnig 1998, 53

[20] Mahnig 1998, 53

[21] Geddes 2003, 23f.

[22] Peters 1993, 22

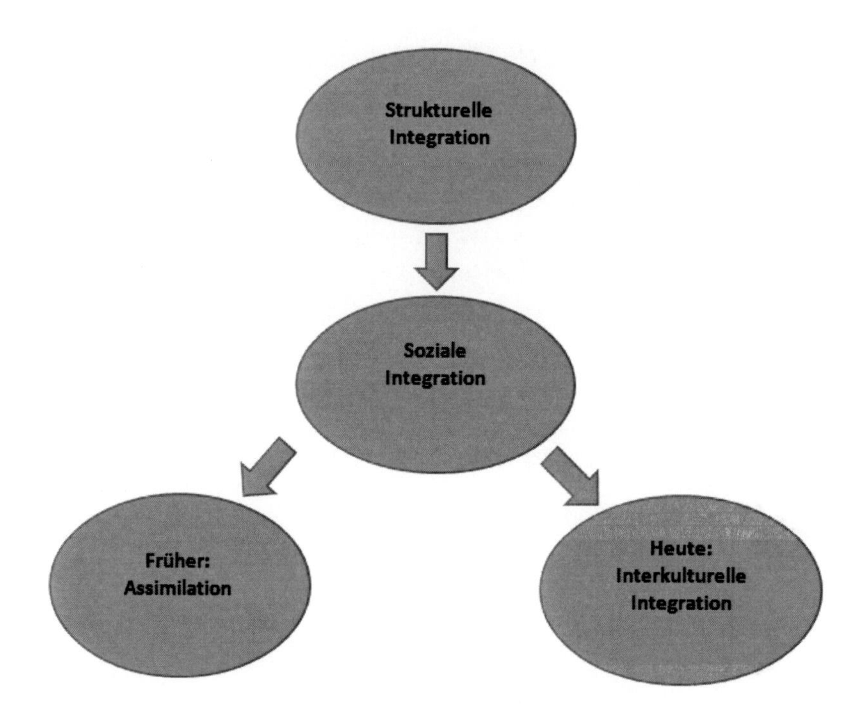

Abbildung 1: Entwicklung des Integrationsprozesses

Unter struktureller Integration ist die funktionale Eingliederung der Zuwanderer in das Gesellschaftssystem zu verstehen. Dies meint beispielsweise schon den Einzug in eine Wohnung oder Haus in einer neuen Stadt. Der Grund für den Einzug also Absicht, Anpassung oder persönlichen Gründe, ist hier zunächst außen vor zu lassen. Wenn die strukturelle Integration dann abgeschlossen ist, geht es über zum nächsten Schritt, der sozialen Integration. Bei dieser hängt es nicht von der Strukturebene ab, sondern hier liegt der Fokus auf Intentionen, individuellen Motiven und Wertvorstellungen.[23] Früher wurde die Integration in Form eines Assimilationsmodells verstanden, was meint, dass Zu- bzw. Einwanderer sich sowohl sprachlich und mental, als auch sozial und kulturell, komplett der Aufnahmegesellschaft, in Normen, Verhaltensmuster und Werten, anpassen.[24] Assimilation setzte Integration voraus und zielte auf die Angleichung der Minderheiten an die Mehrheiten ab. Fand jedoch keine Integration vor der Assimilation statt, so wirkte das der kulturellen Vielfalt und der Gleichberechtigung der Zuwanderer entgegen. Aus diesen Gründen

[23] Esser 2000, 27

[24] Esser 2001, 36

steht heute der Assimilation die interkulturelle Integration gegenüber, welche das Recht auf die eigene kulturelle Identität der Einwanderer vertritt. Die interkulturelle Integration sucht nach einem ausgeglichenen Verhältnis zwischen gleichberechtigter Minderheiten mit ihrem kulturellen Hintergrund und dem Wunsch der Mehrheiten des Aufnahmelandes nach Anpassung der Zuwanderer.[25] Ist die Akzeptanz für ein solch multikulturelles Zusammenleben innerhalb einer Gesellschaft da, sind die Minderheiten nicht kulturell assimiliert, sondern kulturell integriert, da sie ihre Besonderheiten und Bräuche beibehalten dürfen, solange sie im Rahmen, also innerhalb von Gesetzen, Vorstellungen und kulturellen Gegebenheiten des Einwanderungslandes liegen. So können alle Parteien zu einer friedlichen Gesellschaft und Öffentlichkeit mit großem Wissens- und Kulturaustausch beitragen.

---

[25] Geißler & Pöttker 2006, 19

3 Programmanalyse

In der vorliegenden Arbeit untersuche ich das Programmangebot unter dem Gesichtspunkt der Integration im Zeitraum 12/09/2011 – 18/09/2011 am Beispiel des ZDF-Hauptprogramms. Die Programmanalyse bezieht sich zunächst auf die Untergliederung des Programms in die einzelnen Sparten wie Film, Kinder, Krimiserien, Kultur, Nachrichten/Aktuelles, Politik/Gesellschaft, Ratgeber, Serien, Sport, Unterhaltung und Wissen. Diese verschiedenen Bereiche werde ich rund um die Uhr in dem oben genannten Zeitraum beobachten und die Inhalte der einzelnen Sendungen und Serien in den unterschiedlichen Teilbereichen auf den Integrationsgehalt hin untersuchen.

3.1 Film

12/09/11

20.15 Uhr – Ein mörderisches Geschäft (Deutschland 2010)

Dieser Film handelt von einem Duo, Tom Winkler und Alina Liebermann, die intelligent, integer und gnadenlos effizient sind. Ausgestattet mit diesen Fähigkeiten sind sie damit beauftragt, Unternehmen auf ihre Effizienz und Wirtschaftlichkeit hin zu untersuchen. Diesmal sind sie mit der Überprüfung eines Maschinenbau-unternehmens namens Salerno AG beauftragt, welches auch im Ausland vertreten ist. Der heimische Standort in Oberhausen ist jedoch aktuell gefährdet. Kurz nachdem das Team seine Arbeit aufgenommen hat, stößt es auf viele Fragen und Merkwürdigkeiten innerhalb des Unternehmens, die alle mit dem Geschäftsführer zusammenhängen. Tom Winkler traut ihm nicht über den Weg, Alina hingegen lässt sich zunächst von ihm um den Finger wickeln. Als dann aber ihr Partner ermordet wird, steht sie dem Unternehmen alleine gegenüber und muss den Auftrag alleine zu Ende bringen.[26]

---

[26] http://fernsehfilm.zdf.de/ZDFde/inhalt/9/0,1872,8327465,00.html

22.15 Uhr – Invasion (USA 2007)

Ein Spaceshuttle schlägt auf der Erde ein und explodiert. An Bord verbirgt sich ein außerirdisches Virus, welches, zunächst für eine Grippe gehalten, eine verheerend Epidemie innerhalb der Menschheit auslöst. Carol, eine alleinerziehende Psychologin, stellt seltsame Veränderung bei Freunden und Patienten fest. Die Menschen werden apathisch, zeigen kaum noch Emotionen und besitzen einen verblüffenden Selbstheilungsprozess. Harmlose Haustiere zeigen plötzlich extrem aggressives Verhalten. Sofort informiert sie ihren Freund, Wissenschaftler Ben, der das Virus untersucht und direkt die Gefahr erkennt.[27]

0.00 Uhr – Shahada (Deutschland 2010)

In diesem Film geht es um drei verschiedene Schicksale von Muslimen in Berlin, welche sich im Fastenmonat Ramadan abspielen.

Maryam, eine moderne, freizügige, 19jährige Muslima ist ungewollt schwanger. Aus Angst vor ihrem Vater, Vedat, Geistlicher in einer Moschee, nimmt sie die Abtreibungspille, nachdem sie von der Schwangerschaft erfahren hat. Die Folge: unerträgliche Schmerzen und nicht zu stillende Blutungen. Sie denkt, dass sei die Bestrafung ihres Gottes und wendet sich nach dem Vorfall mit allem was sie ist, dem Glauben zu.

Samir, ein nigerianischer Junge nimmt zusammen mit dem gleichaltrigen Daniel am Koranunterricht von Vedat Teil. Daniel ist schwul und empfindet für Samir mehr als nur Freundschaft. Die beiden kommen sich langsam näher, doch Samir kann als gläubiger Moslem Homosexualität nicht gut heißen und vor allem nicht bei sich selbst zulassen.

Ismail, Vater eines Sohnes und verheiratet, ist Polizist. Erzogen nach türkischer Tradition, jedoch losgelöst von Sakralen und Spirituellem. Vor drei Jahren schoss er Leyla an, welche er nun erneut bei einer Razzia trifft. Durch diese Begegnung gerät er aus dem Gleichgewicht. Ab diesem Zeitpunkt nimmt er Kontakt zu ihr auf und will sich um sie kümmern. Er merkt jedoch, dass er auch so nicht von seinen Schuldgefühlen loskommt, und dass das Geschehene für Leyla einen ganz anderen Stellenwert hat.[28]

---

[27] http://spielfilm.zdf.de/ZDFde/inhalt/27/0,1872,1020923_idDispatch:10917998,00.html

[28] http://daskleinefernsehspiel.zdf.de/ZDFde/inhalt/29/0,1872,1021277_idDispatch:10918002,00.html

13/09/2011

00.15 Uhr – Neu im Kino – Easy Money wird vorgestellt

Der Film spielt in Stockholm, einer gut betuchten Stadt, in der der arme, gutaussehende Student, Joel Kinnaman lebt. Er verliebt er sich in ein Mädchen aus gutem Hause und versucht an Geld zu kommen, um sie zu beeindrucken. Dadurch gerät er in kriminelle Kreise und führt von nun an ein gefährliches Doppelleben.[29]

00.20 Uhr - C'est la vie - So sind wir, so ist das Leben (Frankreich 2009)

Der französische Spielfilm, ein Melodram, begleitet das Leben eines Ehepaars mit drei Kindern über 12 Jahre hinweg und zeigt Höhepunkte, so wie auch Tiefpunkte der Familie.[30]

14/09/2011 nichts

15/09/2011

20.15 Uhr – Ein Chef zum Verlieben (USA 2002)

Lucy, Anwältin und Umweltaktivistin, tritt einen neuen Job an und trifft auf ihren neuen Chef, George Wade, der das genaue Gegenteil ist. Er ist unselbstständig, profitorientiert und verwöhnt, doch vielleicht macht genau dieser Unterschied den Reiz aus, denn nur kurz später stellen die beiden fest, dass sie nicht mehr ohne den Anderen können.[31]

00.45 Uhr - Ein Chef zum Verlieben (USA 2002)

Wiederholung von 20.15 Uhr.

02.25 Uhr – Familie Klumps und der verrückte Professor (USA 2000)

Professor Sherman Klump ist verliebt in Denise, die seine Gefühle erwidert. Aufgrund eines Verjüngungsgetränks geht seine berufliche Karriere steil nach oben. Doch zeigt

---

[29] http://spielfilm.zdf.de/ZDFde/inhalt/27/0,1872,1020923_idDispatch:10920348,00.html

[30] http://spielfilm.zdf.de/ZDFde/inhalt/27/0,1872,1020923_idDispatch:10920350,00.html

[31] http://spielfilm.zdf.de/ZDFde/inhalt/27/0,1872,1020923_idDispatch:10925460,00.html

sich immer in den falschen Momenten Shermans Zweites Ich, Buddy Love, welches ihn durchweg in missliche Lagen bringt.[32]

16/09/2011 nichts

17/09/2011

14.45 Uhr – Der Ferienarzt ... im Tessin (Deutschland 2006)

Anne Schäfer, Allgemeinmedizinerin, ist Mitte 40 und arbeitet als Ferienärzten im Tessin. Trotz gescheiterter Ehe blieb ihre Liebe zu der Gegend. Mittlerweile ist sie eine etablierte, geschätzte und integrierte Frau und Allgemeinmedizinerin.[33]

00.20 Uhr – Shalako (USA/Deutschland 1968)

Shalako ist ein erfahrener Trapper, der eine adlige Jagdgruppe vor Apachen rettet, da sie in deren Reservat eingedrungen sind. Er handelt aus, dass die Jagdgruppe Zeit bekommt, um sich aus dem Reservat zu entfernen. Als der Anführer der Gruppe das Angebot allerdings arrogant ablehnt, werden sie erneut angegriffen. Ihnen werden Proviant und Pferde gestohlen, die Lage scheint aussichtslos.[34]

02.00 Uhr – Feuer am Horizont (USA 1946)

1856 erleben ein dem Pokerspiel verfallener, betrügerischer Bankier und ein aufrichtiger Goldgräber, die frühen Siedlerzeiten in einem Städtchen in Oregon.[35]

03.35 Uhr – California (USA 1946)

Als der Goldrausch ausbricht, soll der Abenteurer Johnny Trumbo eine Gruppe von Siedlern nach Kalifornien führen. Dort angekommen, liefert sich Trumbo einen erbitterten Kampf mit dem skrupellosen Coffin um die Zukunft des Landes und die Liebe der Sängerin Lily.[36]

---

[32] http://spielfilm.zdf.de/ZDFde/inhalt/27/0,1872,1020923_idDispatch:10925476,00.html

[33] http://www.zdf.de/ZDFde/inhalt/6/0,1872,1404038_idDispatch:10932506,00.html

[34] http://spielfilm.zdf.de/ZDFde/inhalt/27/0,1872,1020923_idDispatch:10932534,00.html

[35] http://spielfilm.zdf.de/ZDFde/inhalt/27/0,1872,1020923_idDispatch:10932536,00.html

[36] http://spielfilm.zdf.de/ZDFde/inhalt/27/0,1872,1020923_idDispatch:10932540,00.html

18/09/2011

13.50 Uhr – Lieder klingen am Lago Maggiore

Bei einem von Schlagerstar Eric Kersten verschuldeten Autounfall kommen seine Frau und ein anderer Verkehrsteilnehmer ums Leben. Nach diesem Schock taucht er mit seinem Sohn und neuer Identität am Lago Maggiore unter und tarnt sich als Maler. Jedoch hofft sein Manager Alex, dass er eines Tages ins Musikgeschäft zurückkehrt.[37]

15.25 Uhr – Der brave Soldat Schwejk (Deutschland 1960)

Josef Schweijk ist ein gutmütiger, naiver, aber schlauer und als schwachsinnig abgestempelter Hundehändler, der zum 1. Weltkrieg in die österreichische Armee berufen wird. Unter Oberleutnant Lukasch muss er viele absurde Situationen meistern.[38]

20.15 Uhr – Inga Lindström: Die Hochzeit meines Mannes (Deutschland 2011)

Entertainment-Managerin Lena Holm ist ständig unterwegs und zudem alleinerziehende Mutter eines pubertierenden 16-Jährigen. Jetzt soll sie plötzlich noch die Hochzeit von Maren Elkberg, der Tochter ihres Chefs, planen und umsetzen. Maren kehrte gerade aus Afrika zurück, wo sie ihren zukünftigen Ehemann, Jakob Jansson, einen Arzt aus Stockholm, der aber jedes Jahr drei Monate in einer Hilfsorganisation in Afrika tätig ist, kennengelernt hat. Mit ihren Hochzeitsplänen überrascht sie alle.[39]

3.2 Kinder

12/09/2011 nichts

13/09/2011 nichts

14/09/2011 nichts

15/09/2011 nichts

16/09/2011 nichts

---

[37] http://spielfilm.zdf.de/ZDFde/inhalt/27/0,1872,1020923_idDispatch:10934051,00.html

[38] http://spielfilm.zdf.de/ZDFde/programm/0,6753,PrAutoOp_idPoDispatch:9986075,00.html

[39] http://sonntagsfilm.zdf.de/ZDFde/programm/0,6753,PrAutoOp_idPoDispatch:10934071,00.html

17/09/2011

06.00 Uhr – Flipper & Lopaka (Australien 1998)

Zeichentrickserie produziert von den „Yoram Gross Film Studios“, sie handelt von den Bewohnern der Millhouse-Inseln, u.a. Lopaka und sein Volk, die ohne jeglichen Gebrauch von modernen Technologien leben. Im Ozean unter der Insel liegt die versunkene Stadt Quetzo, die von Flipper bewohnt wird.[40]

06.50 Uhr – Yakari (Frankreich 2005)

Die Zeichentrickserie spielt in Nord-Amerika und handelt von dem kleinen Indianerjungen Yakari. Er hat die Fähigkeit mit Tieren zu sprechen und erlebt so jede Menge Abenteuer mit seinen menschlichen und tierischen Freunden.[41]

07.25 Uhr – Das Dschungelbuch (Indien 2010)

Die Serie handelt von Mogli, der seinen Eltern als Säugling im Dschungel verloren ging und somit von einer Wolfsfamilie großgezogen wurde. Mit seinen tierischen Freunden Baghira, Balu oder Kaa muss er immer wieder neue Abenteuer gegen seinen Feind, den Tiger Shir Khan und seine Helfer, bestehen.[42]

08.00 Uhr – Bibi Blocksberg (Deutschland 1997)

Die Blocksbergs bekommen einen Gutschein für eine Überraschungsreise geschenkt. Es geht nach Transsilvanien ins Schlosshotel Frankenfein mit Särgen als Betten, Totenköpfe als Lampen, und zum Essen gibt es gebratene Blutwurst. Doch die Blocksbergs fürchten sich nicht. Ob man das ändern kann?

In Neustadt findet ein großer Flugwettbewerb statt. Bibi hat Angst zu verlieren, da die Konkurrenten nicht alle mit legalen Mitteln arbeiten.[43]

---

[40] http://www.zeichentrickserien.de/flipper.htm , 04.11.2011, 17.49 Uhr

[41] http://www.zeichentrickserien.de/yakari2.htm , 07.11.2011, 12.56 Uhr

[42] http://www.zeichentrickserien.de/dschunge.htm , 07.11.2011, 13.06 Uhr

[43] http://www.zdf.de/ZDFde/inhalt/15/0,1872,7536687_idDispatch:10932486,00.html

08.50 Uhr – logo! Die Welt und ich.

Dieses Format bietet tagesaktuelle Nachrichten und behandelt das Thema der Woche. Alle Fakten und Informationen werden kindgerecht aufbereitet und erklärt, auch Kinder selbst kommen zu Wort.[44]

09.00 Uhr – 1, 2 oder 3

Das Topthema der heutigen Sendung geht um „schmecken" und „riechen". Moderator Elton testet das Wissen der Passanten und zu Gast ist die Ernährungswissenschaftlerin Dr. Christine Lampert, die erstaunliche Tests und Experimente mit den Zuschauern durchführt.[45]

09.25 Uhr – Bibi und Tina (Deutschland 2008)

Frau Sander eröffnet einen Reiterhof am Meer und Bibi, Tina und Alexander besuchen sie dort, um ihr bei den Vorbereitungen zu helfen. Doch kaum sind diese abgeschlossen, lassen Unbekannte die Pferde laufen und bringen die Halle zum einstürzen. In Verdacht geraten die Nachbarn, die Schmuggler sind.[46]

09.50 Uhr – Elephant Princess - Die Rettung von Manjipoor (Australien 2010)

Alex, Prinzessin von Manjipoor hat sich in Caleb verliebt hat. Als dieser sich am Palast von Alex bewirbt, ist sie hin und weg. Nachdem er bei einem Kampf verletzt wird, kommen sie sich näher und küssen sich. Alex jedoch bereut den Kuss, da Caleb nur ein einfacher Diener ist.[47]

10.35 Uhr – pur+ (Deutschland 2011)

In dem Wissensmagazin dreht es sich rund um den Sehsinn und wie Blinde ihren Alltag meistern. „pur+"-Moderator Eric Mayer startet mit Hilfe der Rehabilitationstrainerin Susanne Säum den Versuch, einen Tag ohne sein Augenlicht auszukommen. Außerdem besucht das Team den Sehbehinderten Björn und begleitet ihn durch seinen Alltag.[48]

---

[44] http://www.zdf.de/ZDFde/inhalt/15/0,1872,7536687_idDispatch:10932488,00.html

[45] http://www.zdf.de/ZDFde/inhalt/15/0,1872,7536687_idDispatch:10932490,00.html

[46] http://www.zdf.de/ZDFde/inhalt/15/0,1872,7536687_idDispatch:10914145,00.html

[47] http://www.zdf.de/ZDFde/inhalt/15/0,1872,7536687_idDispatch:10932492,00.html

[48] http://www.zdf.de/ZDFde/inhalt/15/0,1872,7536687_idDispatch:10932494,00.html

18/09/2011

06.00 Uhr – Claude (Großbritannien 2010)

Claude und Boris spielen, dass sie Piraten sind, woraufhin Claudes Mama ihnen eine Schatzkarte malt. Mal sehen, ob sie auch wirklich einen Schatz finden.[49]

06.10 Uhr – Zigby – Das Zebra

In der ersten Folge gründet Zigby eine Band. Er selbst spielt Flöte, Bertie bläst auf einem Kamm und für Matze müssen sie noch ein Instrument finden, da ein Konzert für die Dschungelkinder bevorsteht.

In der zweiten Folge präsentiert Klaus ein neues Spiel. Es werden Löcher in den Boden gegraben und mit einem Schläger versucht, Bälle darin zu versenken. Bertie ist von diesem Spiel so begeistert, dass er alles um sich herum vergisst. Seine Freunde machen sich Sorgen.[50]

06.30 Uhr – Pettersson und Findus

In der ersten Folge jagt ein Elch Findus durch den Wald und klaut ihm seine Salamibrote. Als der Elch allerdings von Jägern verfolgt wird, hat er Mitleid und hilft ihm.

In der zweiten Folge geht es um Pettersson, welcher an einem total verregneten Tag traurig aus dem Fenster schaut und nur für sich sein möchte. Da taucht Findus auf und unterhält ihn so lange, bis Pettersson wieder gute Laune hat.[51]

06.55 Uhr – Der kleine Ritter Trenk (Deutschland 2011)

Die Häscher von Wertolt halten den Sohn von Ritter Dietz für den entlaufenen Leibeigenen. Bevor sie ihn schnappen können sein Vater und Trenk ihn noch retten.[52]

07.20 Uhr – Bibi Blocksberg (Deutschland 2006)

In einem Computerspiel von Bibis Freund Florian wird eine Hexe geärgert. Das heißt Bibi nicht gut und zaubert die Computerhexe kurzer Hand aus dem Spiel heraus in die reale Welt. Die Hexe macht sich einen Spaß daraus und richtet Chaos in Bibis Stadt an.[53]

---

[49] http://www.zdf.de/ZDFde/inhalt/15/0,1872,7536687_idDispatch:10934027,00.html

[50] http://www.zdf.de/ZDFde/inhalt/15/0,1872,7536687_idDispatch:10934029,00.html

[51] http://www.zdf.de/ZDFde/inhalt/15/0,1872,7536687_idDispatch:10934031,00.html

[52] http://www.zdf.de/ZDFde/inhalt/15/0,1872,7536687_idDispatch:10934033,00.html

[53] http://www.zdf.de/ZDFde/inhalt/15/0,1872,7536687_idDispatch:10934035,00.html

07.45 Uhr – Bibi und Tina (Deutschland 2006)

Auf dem Martinshof nehmen Bibi und Tina ein Zirkuspony zur Pflege. Bibi springt mit einer Hexennummer für das verletzte Pony ein und landet mit der Einlage einen Volltreffer. Doch Bibi will sich nicht an den Zirkus binden.[54]

08.10 Uhr – Löwenzahn (Deutschland 2010)

In der Bäckerei Klömpges ist ein Blech Hefegänse geklaut worden und der Bäcker schiebt die Schuld dem Fuchs zu. Diesen will er mit einer Wildfalle schnappen, doch Namensvetter Fritz Fuchs glaubt an die Unschuld des Fuchses.[55]

08.35 Uhr – Löwenzahn Classics (Deutschland 2003)

Peter hat eine solarbetriebene Maschine gebaut, doch wandert die Sonne hinter seinen Bauwagen, ist Schluss mit der Energie. Dies bringt Peter auf die Idee seinen Bauwagen auf einer Drehscheibe zu platzieren, um immer der Sonne zugewandt zu sein.[56]

3.3 Krimiserien

12/09/2011

10.30 Uhr – Die Rosenheim-Cops (Deutschland 2002)

Marie fordert ihren Bruder Korbinian auf, bei einem Pferderennen sein Geld auf „Feuervogel“, das Pferd des Stallbesitzers Loibl zu setzen, da sie davon geträumt hat, das „Feuervogel“ gewinnt. Nach einem Tipp von Bobby, setzt Korbinian sein Geld jedoch auf ein anderes Pferd und muss sich vor seiner Schwester Marie, als Feuervogel letztendlich doch gewinnt, rechtfertigen. Nach dem Rennen wird Loibl zu Tode getrampelt aufgefunden.[57]

---

[54] http://www.zdf.de/ZDFde/inhalt/15/0,1872,7536687_idDispatch:10914155,00.html

[55] http://www.zdf.de/ZDFde/inhalt/15/0,1872,7536687_idDispatch:10912466,00.html

[56] http://www.zdf.de/ZDFde/inhalt/15/0,1872,7536687_idDispatch:10914162,00.html

[57] http://dierosenheim-cops.zdf.de/ZDFde/inhalt/1/0,1872,2032321_idDispatch:10927568,00.html

11.15 Uhr – SOKO Kitzbühel (Österreich/Deutschland 2002)

Der prominente Bergsteiger, Bergführer und Buchautor Klaus Windisch wird beim Klettern mit seiner Lebensgefährtin Martina von einer Steinlawine erschlagen. Den Ermittlern Karin und Andreas ist nach einem Gespräch mit dem Sprengmeister des örtlichen Lawinendienstes klar, dass es kein Unfall war.[58]

18.05 Uhr – SOKO 5113 (Deutschland 2007)

Die aufstrebende Spielerberaterin Marie Hanisch wird tot aufgefunden. Der einzige Verdächtige ist Stefan Witt, ihr Exmann und zugleich Geschäftsführer einer Kölner Agentur, von der sich Marie getrennt hat. Bei einem Fußballturnier erfahren die Ermittler, dass Witt und Hanisch sich gegenseitig überboten haben, um ein großes Fußballjuwel vertreten zu dürfen.[59]

01.30 Uhr – Kommissar Beck (Deutschland/Schweiz 2007)

Gösta Jansson wird erschlagen. Bei ihm findet sich ein als Kugelschreiber getarnter USB-Stick, auf dem sich kompromittierende Fotos von Prominenten befinden. Margareta Oberg wird in ihrer Villa angeschossen aufgefunden und erliegt wenig später den Folgen. Es stellt sich heraus, dass Oberg zwei dieser Prominentenfotos an sich genommen hatte, auf ihnen eine Freundin, die Politikerin Andrea Lundmark, zusammen mit Erik Gindorf, einem Prediger der konservativen Sekte "Lots Bruderschaft". Lundmark gesteht die Affäre, und dass sie Oberg einen Deal vorgeschlagen hatte: Die Fotos gegen Material, welches die Sekte belastet.[60]

13/09/2011

10.30 Uhr – Die Rosenheim-Cops (Deutschland 2002)

Eine Gruppe jugendlicher stiehlt den Maibaum des Nachbarortes, was auf eine Massenschlägerei auf dem Dorfplatz hinausläuft. In dem Getümmel ersticht Helmut seinen Bruder Peter.[61]

---

[58] http://sokokitzbuehel.zdf.de/ZDFde/inhalt/7/0,1872,2030087_idDispatch:10927575,00.html

[59] http://soko5113.zdf.de/ZDFde/inhalt/25/0,1872,1020921_idDispatch:10917984,00.html

[60] http://www.zdf.de/ZDFde/inhalt/25/0,1872,7922841_idDispatch:10906589,00.html

[61] http://dierosenheim-cops.zdf.de/ZDFde/inhalt/1/0,1872,2032321_idDispatch:10927586,00.html

11.15 Uhr – SOKO Kitzbühel (Österreich/Deutschland 2002)

Bei einer exklusiven Party im Bergrestaurant der Hahnenkamm-Bahn wird eine junge Frau, Mitbesitzerin eines Seilbahnherstellers, ermordet. In den Tatverdacht rückt Charly. Hinzu kommt erschwerend das als Mordwaffe die Dienstpistole von Major Andreas Blitz ausgemacht wird.[62]

18.05 Uhr – SOKO Köln (Deutschland 2009)

Im Stadtwald wird Timo Lutzer erschossen. Kurz zuvor hört eine Zeugin noch eine Frau schreien, wie sich herausstellt, im neunten Monat schwangere Verlobte des Ermordeten. Neun Monate zuvor hatte die Verlobte eine Affäre mit Thorsten Neumann, welcher sich am Vorabend des Mordes heftig mit Timo gestritten hatte.[63]

19.25 Uhr – Die Rosenheim-Cops (Deutschland 2011)

Beim morgendlichen Jogging entdeckt Florian Bachner die Leiche von Nathalie Rinner, die erschlagen wurde. Der Manager des Fotomodells zeigt sich entsetzt über den Tod. Mona Lehrmann hingegen, ebenfalls Modell, rührt als Tatverdächtige die eigene Werbetrommel.[64]

02.10 Uhr – SOKO Köln (Deutschland 2009)

Wiederholung der Folge von 18.05 Uhr.

02.55 Uhr – Die Rosenheim-Cops (Deutschland 2011)

Wiederholung der Folge von 19.25 Uhr.

14/09/2011

10.30 Uhr – Die Rosenheim-Cops (Deutschland 2002)

Miriam Stockl, die Sekretärin der beiden Ermittler Ulrich und Korbinian ist ganz beunruhigt aufgrund des Verschwindens der 17 jährigen Lilly Billinger. Da der

---

[62] http://sokokitzbuehel.zdf.de/ZDFde/inhalt/7/0,1872,2030087_idDispatch:10927588,00.html

[63] http://sokokoeln.zdf.de/ZDFde/inhalt/16/0,1872,2071760_idDispatch:10920326,00.html

[64]http://dierosenheim-cops.zdf.de/ZDFde/inhalt/1/0,1872,2032321_idDispatch:10920332,00.html

Einsatzwillen der Kommissare Miriam nicht gefällt, beginnt sie auf eigene Faust zu ermitteln.[65]

11.15 Uhr – SOKO Kitzbühel (Österreich/Deutschland 2002)

Die Millionenerbin und Kunstmäzenin Mathilde Meinhoffer wird erwürgt an einem See aufgefunden, inszeniert wie auf dem Gemälde „Madeline im Bois d'Amour" von Emile Bernard. Die Spuren führen die SOKO zu der Maler-Sommerakademie, geleitet von Prof. Liebhardt, dessen Hauptsponsorin die Getötete war.[66]

18.00 Uhr – SOKO Wismar (Deutschland 2010)

Die Alkoholikerin Rena Kahlow wird vor dem Revier von Hauptkommissar Reuter angetrunken in ihrem Wagen gefunden. Beim Belauschen eines Telefonats ihres Mannes mit seiner Geliebten, habe die alkoholkranke Frau mitgehört, dass ihr Mann sie töten wolle. Der Mann, Prof. Dr. Nick Kahlow, weist dies als absurd zurück und unterstellt seiner Frau, sie wolle so ihre Krankheit vertuschen. Zwei Tage später wird die Frau tot aufgefunden.[67]

19.25 Uhr – Küstenwache (Deutschland 2009)

Bei einem Ausflug mit ihrer Yacht kommt es zu einem heftigen Streit zwischen Diego Halbstadt und seiner Frau Amanda, die ihren Mann so sehr wegstößt, dass er die Treppen hinunter fällt und regungslos liegen bleibt. Sie beseitigt gerade noch die Spuren, bevor Diegos Bruder Marcel eintrifft. Aber war der Sturz wirklich die Todesursache?[68]

15/09/2011

10.30 Uhr – Die Rosenheim-Cops (Deutschland 2002)

Auf einem abgelegenen Landgasthof wird der Wirt erschossen aufgefunden. Es gibt eine Menge Verdächtige, da der alte, mürrische und launische Mann eine Vielzahl von Feinden hatte. Auch sein etwas zurückgebliebener Sohn Martin litt unter ihm und

---

[65] http://dierosenheim-cops.zdf.de/ZDFde/inhalt/1/0,1872,2032321_idDispatch:10927600,00.html

[66] http://sokokitzbuehel.zdf.de/ZDFde/inhalt/7/0,1872,2030087_idDispatch:10927602,00.html

[67] http://sokowismar.zdf.de/ZDFde/inhalt/27/0,1872,2185691_idDispatch:10922732,00.html

[68] http://kuestenwache.zdf.de/ZDFde/inhalt/29/0,1872,2010269_idDispatch:10922740,00.html

flüchtete sich in die Liebe zu Nicole, einer jungen Bedienung, die sich nie unterkriegen ließ.[69]

11.15 Uhr – SOKO Kitzbühel (Österreich/Deutschland 2002)

Alex Drechsler, ein junger Mountainbiker, stürzt bei einer Downhill-Fahrt vor den Augen seines Trainers, seines Vater und seines schärfsten Konkurrenten schwer und stirbt noch im Krankenhaus. Für die Ermittler ist direkt klar, dass es kein Fahrfehler, sondern ein Anschlag auf das Mountainbike-Talent war.[70]

18.05 Uhr – SOKO Stuttgart (Deutschland 2011)

Gerade als die Kommissare Martina Seiffert und ihr Kollege Joachim Stoll Feierabend machen, betritt ein Mann, Florian Stiegler, das Präsidium und behauptet, der Mörder des Unternehmers Patrick Esser zu sein. Die Leiche wird tatsächlich gefunden, doch warum stellt sich der Täter sofort und ist er überhaupt der Mörder?[71]

19.25 Uhr – Notruf Hafenkante (Deutschland 2009)

Alexa Marschewski wurde in einem Park, von einem Mann, den sie schon mehrmals in einer Selbsthilfegruppe gesehen hatte, vergewaltigt. Bei den Ermittlungen stoßen das Team Notruf Hafenkante auf einen ähnlichen Fall, der sich vor wenigen Monaten ereignete. Die Kommissare gehen davon aus, dass es derselbe Täter ist und nehmen Undercover an Sitzungen der Selbsthilfegruppe teil.[72]

16/09/2011

10.30 Uhr – Die Rosenheim-Cops (Deutschland 2002)

Erich Röndorf erscheint auf dem Präsidium und möchte Anzeige wegen versuchten Mordes gegen seinen Nachbarn, Richard Prack, erstatten, da dieser versucht haben soll, mit seiner Armbrust auf ihn zu schießen. Die Kommissare wundert das wenig, da sie wissen, dass die beiden eine lange Feindschaft verbindet. Jedoch staunen sie

[69] http://dierosenheim-cops.zdf.de/ZDFde/inhalt/1/0,1872,2032321_idDispatch:10927614,00.html

[70] http://sokokitzbuehel.zdf.de/ZDFde/inhalt/7/0,1872,2030087_idDispatch:10927616,00.html

[71] http://sokostuttgart.zdf.de/ZDFde/inhalt/28/0,1872,7912252_idDispatch:10925452,00.html

[72] http://notrufhafenkante.zdf.de/ZDFde/inhalt/6/0,1872,4081958_idDispatch:10925458,00.html

nicht schlecht, als Röndorf eines Tages tot aufgefunden wird und zwar durchbohrtmit dem Pfeil einer Armbrust. [73]

11.15 Uhr – SOKO Kitzbühel (Österreich/Deutschland 2002)

Bei dem alljährlich im Juli ausgetragenen internationalen Herren-Tennisturnier, wird der Rechtsanwalt und Berater von Tina Banova, Dr. Metzien brutal ermordet. Banova ist eine Top-Ten-Tennisspielerin, die mit dem deutschen Kaufhaus-Millionär Weiden seit Jahren verheiratet ist. Jedoch hat der Tennisstar eine Affäre mit dem Hotelbesitzer, Graf Lichtenfels, der wiederum mit der Gräfin Schönfeld Schmuckausstellungen organisiert. Diese Tatsache bringt langsam Licht ins Dunkel.[74]

18.05 Uhr – SOKO Wien (Österreich 2010)

Die Tochter des Unterweltpaten Schweikhart, Sissi Arbinger, wird von der Putzfrau tot in ihrer Badewanne aufgefunden. Sie wurde ertränkt, jedoch wurden ihr nach der Tat noch Alkohol und Tabletten eingeflößt.[75]

20.15 Uhr – Der Alte (Deutschland 2011)

Der Chef der Firma „Blomstedt", Herbert Blomstedt und dessen Prokurist, Klaus Probst, werden tot aufgefunden. Die beiden Männer wurden aus kürzester Distanz erschossen. Durch den Hintereingang ihres Wohnhauses, taucht plötzlich Larissa Blomstedt, die Frau des Ermordeten auf. War das womöglich auch der Zugang für den Täter?[76]

21.15 Uhr – SOKO Leipzig (Deutschland 2007)

Hanna Kaspari ist Mutter eines sehr gewalttätigen Sohnes, der mal wieder einen gleichaltrigen Jugendlichen ins Koma schlägt. Die SOKO nimmt der Ermittlungen auf und vernimmt den Sohn. Der Vater ist von der Schuld seines Sohnes überzeugt, doch der Sohn wird nach der Vernehmung selbst zum Mordopfer. War es ein Racheakt?[77]

---

[73] http://dierosenheim-cops.zdf.de/ZDFde/inhalt/1/0,1872,2032321_idDispatch:10928087,00.html

[74] http://sokokitzbuehel.zdf.de/ZDFde/inhalt/7/0,1872,2030087_idDispatch:10928089,00.html

[75] http://sokowien.zdf.de/ZDFde/inhalt/0/0,1872,2373344_idDispatch:10909135,00.html

[76] http://deralte.zdf.de/ZDFde/inhalt/7/0,1872,2050279_idDispatch:10928119,00.html

[77] http://sokoleipzig.zdf.de/ZDFde/inhalt/19/0,1872,2003187_idDispatch:10928121,00.html

01.20 Uhr – Hustle – Unehrlich währt am längsten (Großbritannien 2004)

Nach einem Aufenthalt in Las Vegas ist die Gang um Mickey total ausgebrannt. Die Gang braucht eine Lösung, um schnell an Geld zu kommen. Da rückt der skrupellose Geschäftsmann Benny Frazier, der als Pate der Londoner Gastronomie-Szene gilt, ins Visier. Die Schwachstelle ist sein Sohn Joey.[78]

02.10 Uhr – Hustle – Unehrlich währt am längsten (Großbritannien 2004)

Innerhalb der Gang gibt es ständig Streitereien und Machtkämpfe zwischen Mickey und Danny, wer der Bessere sei. Um diesem leidigen Thema ein Ende zu bereiten, kommt Albert auf die Idee eines Wettkampfs, die Henderson-Herausforderung. Danny und Mickey werden komplett nackt in London ausgesetzt. Die Regeln sind Erstens, dass es keine gibt und Zweitens, wer von den Beiden nach sechs Stunden mehr Geld mitbringt, hat gewonnen und ist der Bessere.[79]

03.10 Uhr – Der Alte (Deutschland 2011)

Wiederholung von 20.15 Uhr..

04.15 Uhr - SOKO Leipzig (Deutschland 2007)

Wiederholung von 21.15 Uhr.

17/09/2011

20.15 Uhr – Rosa Roth (Deutschland 2010)

Beim morgendlichen Joggen wird der Polizist Titus Trescher ermordet. Rosa Roth findet heraus, dass er bei Mai-Krawallen den zur autonomen Szene gehörenden Jugendlichen David Möller in Notwehr erschossen hatte, als er ihn wegen Sachbeschädigung festnehmen wollte.[80]

21.45 Uhr – Der Ermittler (Deutschland 2003)

Der 28-jährige Thorsten Rütting wird tot am Elbufer aufgefunden. Er lebte seit zwei Jahren mit Bille Junggunst und Jens Behnke in einer Wohngemeinschaft und arbeitete seit einigen Monaten als Referendar. Nach Untersuchung der Spuren, muss

[78] http://www.zdf.de/ZDFde/inhalt/6/0,1872,1404038_idDispatch:10895106,00.html

[79] http://www.zdf.de/ZDFde/inhalt/6/0,1872,1404038_idDispatch:10928137,00.html

[80] http://www.zdf.de/ZDFde/inhalt/11/0,1872,1021323_idDispatch:10932524,00.html

der Tathergang wie folgt gewesen sein: Rütting wurde, während er in der Elbe schwamm, von einem Taucher unter Wasser gezogen.[81]

18/09/2011

22.15 Uhr – Kommissar Beck (Deutschland/Schweiz 2009)

Gunvald trifft seine ehemalige Affäre, Kim Reeshaug, wieder und tauscht mit ihr Telefonnummern. Jedoch weiß er nicht, dass sie mittlerweile einer Gruppe mit terroristischen Zielen angehört und vom britischen und schwedischen Geheimdienst überwacht wird. Zwar will sie aussteigen, doch sie kann der Gruppe nicht entkommen und wird tot aufgefunden. Kurz zuvor hatte sie Gunvald noch eine SMS geschickt.[82]

3.4 Kultur

12/09/2011 nichts

13/09/2011 nichts

14/09/2011 nichts

15/09/2011 nichts

16/09/2011

23.00 Uhr – Das blaue Sofa (Deutschland 2011)

Die neue Literatursendung, moderiert von Wolfgang Herles, selbst Autor, stellt die aktuellsten Neuerscheinungen in Sachen Bücher vor und erfragt Hintergründe, Widersprüche und Relevanz der Romane. Die Sendung möchte Orientierung geben und anspruchsvoll unterhalten. Wolfgang Herles besucht in jeder Sendung einen Autor mit seinem „blauen Sofa“ am Ort seines Schaffens oder an dem Hauptort des Romans.[83]

17/09/2011 nichts

---

[81] http://derermittler.zdf.de/ZDFde/inhalt/31/0,1872,1021791_idDispatch:10932526,00.html

[82] http://www.zdf.de/ZDFde/inhalt/25/0,1872,7922841_idDispatch:10934075,00.html

[83] http://www.zdf.de/ZDFde/inhalt/6/0,1872,1404038_idDispatch:10928129,00.html

18/09/2011

00.10 Uhr – Das Philosophische Quartett (Deutschland 2011)

Peter Sloterdijk und Rüdiger Safranski diskutieren mit zwei Experten, dem Architekturkritiker und Bauprofessor Michael Mönninger und dem Architekten, Ingenieur und Professor Werner Sobek. Am Tag der Wahl in Berlin sind die Hauptstadt selbst sowie andere Metropolen, deren Architektur, das Wohnen, der Lebensort und die verschiedenen Stadtplanungen Thema.[84]

3.5 Nachrichten/Aktuelles

12/09/2011

05.30 Uhr – ARD Morgenmagazin

Die Themen sind die Berliner Landtagswahl, bei der die Piratenpartei erstmal die Chance hat in ein Landesparlament einzuziehen, die Energiewende und die Veränderungen im Gegensatz zu dem Unglück vor sechs Monaten in Fukushima. Außerdem findet der Chaos Computer Club Erwähnung, welcher vor 30 Jahren gegründet wurde. Im Servicebereich geht es um den Endspurt für Lebensversicherungen und im Bereich Sport wird das 70. internationale Leichtathletikfest in Berlin behandelt.[85]

09.00 Uhr – Tagesschau

Aktuelle Berichterstattung

12.00 Uhr – Tagesschau

Aktuelle Berichterstattung

12.15 Uhr – Drehscheibe Deutschland (Deutschland 2011)

Die Themen sind „Frisch in die Tonne“ (Wenn gute Lebensmittel im Müll landen), Haltbar und bekömmlich (Service Nahrungsmittel), Unbeugsamer Gastwirt (Tra-

---

[84] http://www.zdf.de/ZDFde/inhalt/31/0,1872,8335487,00.html

[85] http://www.zdf.de/ZDFde/inhalt/6/0,1872,1404038_idDispatch:10916559,00.html

ditionslokal mitten in Industrieanlage) und Wahlfieber (Countdown für Berliner Landtagswahl).[86]

13.00 Uhr - ARD – Mittagsmagazin

Die Themen hier: Reisediplomatie (Bundesaußenminister Guido Westerwelle in Nahost), Riesterrente (Bilanz nach zehn Jahren) und Rheuma (Hilfe bereits bei Kindern).[87]

14.00 Uhr - heute – in Deutschland

Aktuelle Berichterstattung

15.00 Uhr – heute

Aktuelle Berichterstattung

16.00 Uhr - heute – in Europa

Die Themen sind: der „erste Schultag" (Wie Italien seine Lehrer-Stellen verlost), insolventes Griechenland (Nur noch Bargeld bis Oktober), Europas Zwerge (Unterwegs in Andorras Duty-free-Oase) und nette Briten (Eine Offensive der Freundlichkeit).[88]

17.00 Uhr - heute – Wetter

17.15 Uhr - Hallo Deutschland (Deutschland 2011, Boulevardmagazin)

Die Sendung thematisiert u.a. die schweren Unwetter, eine Festnahme 29 Jahre nach der Tat und das Geschäft mit absichtlichen Autounfällen.[89]

17.45 Uhr – Leute heute (Deutschland 2011, Boulevardmagazin)

Die Themen heute sind: Tommy Hilfiger auf der New York Fashion Week, Gaby Köster im Interview, Nelson Müller auf der Gourmet-Meile in Essen und George Clooney mit seiner neuer Freundin in Toronto.[90]

---

[86] http://www.zdf.de/ZDFde/inhalt/27/0,1872,1021083_idDispatch:10917962,00.html

[87] http://www.zdf.de/ZDFde/inhalt/6/0,1872,1404038_idDispatch:10917964,00.html

[88] http://heuteineuropa.zdf.de/ZDFde/inhalt/14/0,1872,1021102_idDispatch:10917974,00.html

[89] http://hallodeutschland.zdf.de/ZDFde/inhalt/20/0,1872,1021108_idDispatch:10917980,00.html

[90] http://www.zdf.de/ZDFde/inhalt/25/0,1872,1021113_idDispatch:10917982,00.html

19.00 Uhr – heute

Hier geht es um Berlin/Athen (Diskussion um Griechenland-Krise), Nairobi (Über 100 Tote bei Brand an Pipeline) und Magdeburg (Überschwemmungen und schwere Schäden durch Unwetter in Sachsen-Anhalt).[91]

19.19 Uhr – Wetter

21.45 Uhr – heute-journal

Die Themen sind die Insolvenzdebatte um Griechenland (Börsenkurse auf Talfahrt), der Autoboom und die Schuldenkrise (Daimler-Chef Zetsche im Gespräch) und Mick Jaggers neue Band (Das "SuperHeavy"-Experiment).[92]

22.12 Uhr – Wetter

23.45 Uhr – heute nacht

Die Themen hier: das Unglück in einer französischen Atomanlage (Behörden geben Entwarnung), geordnete Insolvenz (Offene Diskussion über Griechenland-Pleite) und Sklaverei in Großbritannien (Polizei befreit 24 Männer).[93]

01.25 Uhr - heute

03.40 Uhr – heute

04.55 Uhr – Hallo Deutschland

Wiederholung der Sendung von 17.15 Uhr.

13/09/2011

05.30 Uhr – ARD Morgenmagazin

Die Themen: Traffic Talks in Bonn (Bahnchef Rüdiger Grube über die Zukunft der Mobilität), die Euro-Rettung (Ein Gespräch mit Elmar Brok, CDU), Libyen (Ein Bericht über die Situation in der Gaddafi-Hochburg Bani Walid), der Krisenkompass (Wie

---

[91] http://www.zdf.de/ZDFde/inhalt/30/0,1872,1021118_idDispatch:10917986,00.html

[92] http://heutejournal.zdf.de/ZDFde/inhalt/0/0,1872,1021120_idDispatch:10917994,00.html

[93] http://heutenacht.zdf.de/ZDFde/inhalt/3/0,1872,1021123_idDispatch:10918000,00.html

teuer wäre die Rückkehr zur alten Währung D-Mark?), Service (Richtig Laufen), US Open 2011, zu Gast ist Sportwissenschaftlerin Carina Holl.[94]

09.00 Uhr – Tagesschau

Aktuelle Berichterstattung

12.00 Uhr – Tagesschau

Aktuelle Berichterstattung

12.15 Uhr – Drehscheibe Deutschland (Deutschland 2011)

Die Themen sind der Aufstand im Mittelrheintal (Bürger wehren sich gegen Bahnlärm), glutenfreie Lebensmittel (Werbetrick oder gesunde Alternative?) und Expedition Deutschland (Unterwegs in der Sächsischen Schweiz).[95]

13.00 Uhr – ARD Mittagsmagazin

Die Sendung beschäftigt sich mit dem Sturm auf die letzten Hochburgen des Gaddafi-Regimes, dem Vergleich deutscher Unis und Fachhochschulen und den neuesten Trends und Innovationen auf der Internationalen Automobilausstellung.[96]

14.00 Uhr – heute – in Deutschland

Aktuelle Berichterstattung

15.00 Uhr – heute

Aktuelle Berichterstattung

16.00 Uhr – heute – in Europa

Berichterstattung über moderne Sklaverei (Britische Polizei befreit 24 Männer), die Explosion im französischen Atomkraftwerk, die Währungskrise in Europa (Obama verlangt mehr Einsatz von der EU), die besondere Weinlese bei Vollmond und über Europas Zwerge (Mit Ferrari und Bentley in den monegassischen Gassen).[97]

---

[94] http://www.zdf.de/ZDFde/inhalt/6/0,1872,1404038_idDispatch:10918020,00.html

[95] http://www.zdf.de/ZDFde/inhalt/27/0,1872,1021083_idDispatch:10920304,00.html

[96] http://www.zdf.de/ZDFde/inhalt/6/0,1872,1404038_idDispatch:10920306,00.html

[97] http://heuteineuropa.zdf.de/ZDFde/inhalt/14/0,1872,1021102_idDispatch:10920316,00.html

17.00 Uhr – heute – Wetter

17.15 Uhr – Hallo Deutschland (Deutschland 2011)

Diese Folge dreht sich um ein tödlich endendes Beziehungsdrama, einen Mann, der ein Katzenklo im Internet bestellte und dazu noch eine Granate geliefert bekam und um einen Streit wegen Kinderlärms in Nordrhein-Westfalen abspielt.[98]

17.45 Uhr – Leute heute (Deutschland 2011)

Die Themen: Marc Jacobs (Aktuelles von der Fashion Week in New York), Sebastian Bezzel (Dreharbeiten mit Heiner Lauterbach), Madonna beim Filmfestival in Toronto und Multitalent Justin Bieber.[99]

19.00 Uhr – heute

Heute berichtet über einen Taliban-Angriff auf das Botschaftsviertel in Kabul, den kontroversen Umgang der Koalition mit der Griechenlandkrise und den OECD Bericht und die langsamen Fortschritte beim Thema Bildung.[100]

19.20 Uhr – Wetter

21.45 Uhr – heute-journal

Das „heute-journal" erklärt wie das Prinzip des Car-Sharings funktioniert, was die Wutbürger an-/umtreibt und berichtet über die Insolvenz-Aussage von Finanzminister Rösler.[101]

22.12 Uhr – Wetter

00.00 Uhr – heute nacht

Die Sendung geht um die Griechenlandpleite, unerträglichen Zugverkehr im Mittelrheintal und den geheimnisvollen Graffiti Star Banksy, der gerade in Berlin ist.[102]

---

[98] http://hallodeutschland.zdf.de/ZDFde/inhalt/20/0,1872,1021108_idDispatch:10920322,00.html

[99] http://www.zdf.de/ZDFde/inhalt/25/0,1872,1021113_idDispatch:10920324,00.html

[100] http://www.zdf.de/ZDFde/inhalt/30/0,1872,1021118_idDispatch:10920328,00.html

[101] http://heutejournal.zdf.de/ZDFde/inhalt/0/0,1872,1021120_idDispatch:10920338,00.html

[102] http://heutenacht.zdf.de/ZDFde/inhalt/3/0,1872,1021123_idDispatch:10920346,00.html

02.05 Uhr – heute

Aktuelle Berichterstattung

03.35 Uhr – heute

Aktuelle Berichterstattung

05.00 Uhr – Hallo Deutschland (Deutschland 2011)

Wiederholung der Sendung von 17.15 Uhr.

14/09/2011

05.30 Uhr – ARD Morgenmagazin

Das ARD Morgenmagazin berichtet über die Situation in Libyen, die Euro-Rettung (Werner Sonne im Gespräch mit Rainer Brüderle, FDP), das Schulsystem in Sachsen (Sachsen praktiziert seit Jahren und mit Erfolg das zweigliedrige Schulsystem) und Olympia 2012 London (Die Ringer Yvonne und Mirko Englich zeigen ihr Training). Im Bereich Service geht es um Schwangerschaft und Arbeitsrecht. Zu Gast ist Wolfgang Büser, MoMa-Rechtsexperte.[103]

09.00 Uhr – Tagesschau

Aktuelle Berichterstattung

12.00 Uhr – Tagesschau

Aktuelle Berichterstattung

12.15 Uhr – Drehscheibe Deutschland (Deutschland 2011)

Die Sendung behandelt Themen wie verwüstete Bauernhöfe (Wiederaufbau nach Unwetter), Dämmung und Isolierung mangelhaft an ihrem Haus (Vorsicht vor Pfusch am Bau), Härtetest in der Fremde (Deutsche Arbeitslose in Polen) und Expedition Deutschland (Spannende Geschichte aus Ratingen).[104]

---

[103] http://www.zdf.de/ZDFde/inhalt/6/0,1872,1404038_idDispatch:10920368,00.html

[104] http://www.zdf.de/ZDFde/inhalt/27/0,1872,1021083_idDispatch:10922710,00.html

13.00 Uhr – ARD Mittagsmagazin

Die Themen sind die Schuldenkrise (Die Aktivitäten Griechenlands und Italiens), die Bildungskonferenz (Die Zukunft der Hauptschule) und der Dokumentations-Film über den Experimentalkoch El Bulli.[105]

14.00 Uhr – heute – in Deutschland

Aktuelle Berichterstattung

15.00 Uhr - heute

Aktuelle Berichterstattung

16.00 Uhr – heute – in Europa

Die Themen: Steuerfahnder in Athen (Griechenlands Anstrengungen in der Krise), Insolvenz-Studie (Was, wenn Griechenland wirklich pleite geht), nette Briten (Eine Offensive der Freundlichkeit) und Europas Zwerge (Die Freiheit der Republik San Marino).[106]

17.00 Uhr – heute – Wetter

17.15 Uhr – Hallo Deutschland (Deutschland 2011)

In dieser Folge wird gezeigt wie eine 220Kg-Frau mit einem Kran gerettet wird, wie ein Motorradfahrer nach einem Unfall unter einem brennenden Auto geborgen wird und dass Jürgen Drews nach einem Auftritt beklaut worden ist.[107]

17.45 Uhr – Leute heute (Deutschland 2011)

„Leute heute" zeigt Udo Lindenberg (Eine Private Kinovorführung mit Freunden), Kevin Costner (Sein Auftritt auf Sylt), Amy Winehouse (Hätte heute Geburtstag gehabt) und Thomas Anders (Spricht über Dieter Bohlen).[108]

---

[105] http://www.zdf.de/ZDFde/inhalt/6/0,1872,1404038_idDispatch:10922712,00.html

[106] http://heuteineuropa.zdf.de/ZDFde/inhalt/14/0,1872,1021102_idDispatch:10922722,00.html

[107] http://hallodeutschland.zdf.de/ZDFde/inhalt/20/0,1872,1021108_idDispatch:10922728,00.html

[108] http://www.zdf.de/ZDFde/inhalt/25/0,1872,1021113_idDispatch:10922730,00.html

19.00 Uhr – heute

„heute" berichtet über die Finanzkrise, welche die schwarz-gelbe Koalition belastet, über französische Banken, welche von der Ratingagentur Moody's herabgestuft werden und über die deutschen Clubs in der Champions-League.[109]

19.20 Uhr - Wetter

21.45 Uhr – heute-journal

Die Themen sind Griechenlands Kampf gegen die Pleite, Erdogans „neuer Naher Osten" und Irans Protestbewegung als Comic.[110]

22.12 Uhr – Wetter

00.30 Uhr – heute nacht

In der Sendung geht es um die Eurokrise, welche die Koalition spaltet, um den Führerscheinentzug für Gewalttäter (Pilotprojekt in Münster) und die Konkurrenz für den deutschen Schäferhund (Der Belgier auf dem Vormarsch).[111]

04.05 Uhr – heute

Aktuelle Berichterstattung

05.00 – Hallo Deutschland (Deutschland 2011)

Wiederholung von 17.15 Uhr

15/09/2011

05.30 Uhr – ARD Morgenmagazin

Die Themen: Die Schuldenkrise, der Prozess gegen die frühere RAF-Terroristin Verena Becker, der Umbruch in Libyen, der Kongress der Opfer von Terroranschlägen in Paris, die Situation nach dem Angriff auf das Diplomatenviertel in Kabul und das EM-Qualifikationsspiel der Frauen gegen die Schweiz. Im Bereich

---

[109] http://www.zdf.de/ZDFde/inhalt/30/0,1872,1021118_idDispatch:10922736,00.html

[110] http://heutejournal.zdf.de/ZDFde/inhalt/0/0,1872,1021120_idDispatch:10922744,00.html

[111] http://heutenacht.zdf.de/ZDFde/inhalt/3/0,1872,1021123_idDispatch:10922754,00.html

Service wird das Problem mit Haarausfall behandelt und zu Gast ist Dermatologe Uwe Schwichtenberg.[112]

09.00 Uhr – Tagesschau

Aktuelle Berichterstattung

12.00 Uhr – Tagesschau

Aktuelle Berichterstattung

12.15 Uhr – Drehscheibe Deutschland (Deutschland 2011)

„Drehscheibe Deutschland" berichtet über Chaos auf den Schienen (Probleme bei der Bahn), Expedition Deutschland (Äpfel im Rosengarten), Berlin vor der Wahl (Im Gespräch mit Renate Künast) und Fahrrad gegen Auto (Was im Straßenverkehr erlaubt ist).[113]

13.00 Uhr – ARD Mittagsmagazin

Themen sind die Griechenlandhilfe (Die Arbeit der EU Task Force in Athen), der Nordpol (Neue Bilder beweisen, dass das Eis schneller schmilzt als gedacht) und Carbon (Der Werkstoff der Zukunft im Automobilbau).[114]

14.00 Uhr – heute – in Deutschland

Aktuelle Berichterstattung

15.00 Uhr – heute

Aktuelle Berichterstattung

16.00 Uhr – heute – in Europa

Die Sendung dreht sich um den bevorstehenden Regierungswechsel in Dänemark, das Treffen von Sarkozy und Cameron in Tripolis, die Besonderheiten des Vatikanstaates und britische Fitness durch Gartenarbeit.[115]

---

[112] http://www.zdf.de/ZDFde/inhalt/6/0,1872,1404038_idDispatch:10922774,00.html

[113] http://www.zdf.de/ZDFde/inhalt/27/0,1872,1021083_idDispatch:10925430,00.html

[114] http://www.zdf.de/ZDFde/inhalt/6/0,1872,1404038_idDispatch:10925432,00.html

[115] http://heuteineuropa.zdf.de/ZDFde/inhalt/14/0,1872,1021102_idDispatch:10925442,00.html

17.00 Uhr heute – Wetter

17.15 Uhr – Hallo Deutschland (Deutschland 2011)

„Hallo Deutschland" berichtet über einen Unfall bei dem vier Kinder schwer verletzt wurden, über ein Ehepaar aus Dresden, welches seit acht Tagen im Auto wohnt und dieses nur zum Essen oder für den Gang zur Toilette verlässt und über den Modeschöpfer Harald Glööckler.[116]

17.45 Uhr – Leute heute (Deutschland 2011)

„Leute heute" zeigt, dass Udo Jürgens jetzt auch auf der Leinwand zu sehen ist, spricht mit Kinderbuchautorin Diana Ampft, interviewt Mick Jagger und berichtet über den Lebensplan von Charlotte Casiraghi.[117]

19.00 Uhr – heute

„heute" spricht mit einem EU-Experten, der zuversichtlich auf die Griechenland-Rettung blickt, über den Besuch von Sarkozy und Cameron in Libyen und über die Automobilausstellung in Frankfurt am Main, welche von Kanzlerin Merkel eröffnet wurde.[118]

19.20 Uhr – Wetter

21.45 Uhr – heute-journal

Die Themen: China kann Europa nur bedingt helfen, der Besuch von Sarkozy und Cameron in Libyen und dass immer mehr Autohersteller auf Karbon setzen.[119]

22.12 Uhr – Wetter

00.30 Uhr – heute nacht

Die Themen drehen sich um das Euro-League-Spiel zwischen Schalke 04 und Bukarest, um einen Virus, der Amseln tötet und den FDP Partei-Chef, Rösler, der seine Position zu der Situation in Griechenland bekräftigt.[120]

---

[116] http://hallodeutschland.zdf.de/ZDFde/inhalt/20/0,1872,1021108_idDispatch:10925448,00.html

[117] http://www.zdf.de/ZDFde/inhalt/25/0,1872,1021113_idDispatch:10925450,00.html

[118] http://www.zdf.de/ZDFde/inhalt/30/0,1872,1021118_idDispatch:10925454,00.html

[119] http://heutejournal.zdf.de/ZDFde/inhalt/0/0,1872,1021120_idDispatch:10925462,00.html

02.20 Uhr – heute

Aktuelle Berichterstattung

04.00 Uhr – heute

Aktuelle Berichterstattung

04.45 Uhr – Leute heute

Wiederholung der Sendung von 17.45 Uhr.

05.00 Uhr – Hallo Deutschland

Wiederholung der Sendung von 17.15 Uhr.

16/09/2011

05.30 Uhr – ARD Morgenmagazin

Zu Gast in der Sendung ist ARD-Wahlexperte, Jörg Schönenborn. Behandelt werden Themen wie der Besuch von Cameron und Sarkozy in Libyen, ob die Deutschen noch Vertrauen in die Regierung haben und über die Ergebnisse der Deutschen Mannschaften in der Europa-League. Außerdem wird sich mit dem Pilzsachverständigen Andreas Kostka über die Pilzsaison 2011 unterhalten.[121]

09.00 Uhr – Tagesschau

Aktuelle Berichterstattung

12.00 Uhr – Tagesschau

Aktuelle Berichterstattung

12.15 Uhr – Drehscheibe Deutschland (Deutschland 2011)

Es wird über den Prozess im Fall Lea-Marie, das Aus für den Deutschen Schäferhund (Polizei setzt auf belgische Begleiter), Radfahrer gegen Autofahrer (Wer hat welche

---

[120] http://heutenacht.zdf.de/ZDFde/inhalt/3/0,1872,1021123_idDispatch:10925470,00.html

[121] http://www.zdf.de/ZDFde/inhalt/6/0,1872,1404038_idDispatch:10925486,00.html

Rechte?) und den Einsatz als Alpen-Retter (Schuften für die Wald-Aufforstung) berichtet.[122]

13.00 Uhr – ARD Mittagsmagazin

Die Themen sind das Gipfeltreffen der EU-Finanzminister gegen die Euro-Krise, der Wahlkampf in Berlin und der Countdown für die Wiesn 2011.[123]

14.00 Uhr – heute – in Deutschland

Aktuelle Berichterstattung

15.00 Uhr – heute

Aktuelle Berichterstattung

16.00 Uhr – heute – in Europa

Die Sendung berichtet über das Minenunglück im Süden von Wales, den Machtwechsel in Kopenhagen, das 50 jährige deutsch-türkische Gastarbeiter-abkommen und kleine Fürsten und große Banken in Liechtenstein.[124]

17.00 Uhr – heute – Wetter

17.15 Uhr – Hallo Deutschland (Deutschland 2011)

„Hallo Deutschland" behandelt folgende Themen: Bordellbetreiber bezahlt für Doppelmord, ein Reisebus geht auf der A3 in Flammen auf und „Swap in the City", Tauschen statt Kaufen.[125]

17.45 Uhr – Leute heute (Deutschland 2011)

„Leute heute" zeigt Berichte über Karl Lagerfeld, über die Ehekrise zwischen Stefan Mross und Stefanie Hertel, die Fashion Week in New York und über das neue Album von Chris Rea.[126]

---

[122] http://www.zdf.de/ZDFde/inhalt/27/0,1872,1021083_idDispatch:10928093,00.html

[123] http://www.zdf.de/ZDFde/inhalt/6/0,1872,1404038_idDispatch:10928095,00.html

[124] http://heuteineuropa.zdf.de/ZDFde/inhalt/14/0,1872,1021102_idDispatch:10928105,00.html

[125] http://hallodeutschland.zdf.de/ZDFde/inhalt/20/0,1872,1021108_idDispatch:10928111,00.html

[126] http://www.zdf.de/ZDFde/inhalt/25/0,1872,1021113_idDispatch:10928113,00.html

19.00 Uhr – heute

„heute" über den Wahlkampf in Berlin, den Besuch des türkischen Premiers in Libyen, den Regierungswechsel in Dänemark und über Griechenland-Hilfe, welche erst im Oktober beschlossen werden soll.[127]

19.20 Uhr – Wetter

22.00 Uhr – heute-journal

Es dreht sich alles um den Wahlkampfabschluss in Berlin, Streit über den Krisenkurs und wie ein einziger Banker erneut Milliarden vernichten konnte.[128]

22.27 Uhr – Wetter

00.35 Uhr – heute nacht

Berichte über den US-Finanzminister beim EU-Krisengipfel, den Wahlkampfendspurt in Berlin und die Elektrovariante des Tangos mischt Buenos Aires auf.[129]

03.05 Uhr – heute

Aktuelle Berichterstattung

04.10 Uhr – heute

Aktuelle Berichterstattung

05.10 Uhr – Hallo Deutschland (Deutschland 2011)

Wiederholung der Sendung von 17.15 Uhr.

17/09/2011

11.00 Uhr – heute

Aktuelle Berichterstattung

---

[127] http://www.zdf.de/ZDFde/inhalt/30/0,1872,1021118_idDispatch:10928115,00.html

[128] http://heutejournal.zdf.de/ZDFde/inhalt/0/0,1872,1021120_idDispatch:10928123,00.html

[129] http://heutenacht.zdf.de/ZDFde/inhalt/3/0,1872,1021123_idDispatch:10928133,00.html

13.00 Uhr – heute

Aktuelle Berichterstattung

13.05 Uhr – ZDFwochen-journal (Deutschland 2011)

Die Themen: Autos für Frauen auf der IAA, EU-Steuerfahnder in Griechenland, Euro-Streit in der Koalition, Hochwasser in Pakistan, Sicherheit bei Smartphones und „Männerherzen 2" kommt in die Kinos.[130]

17.00 Uhr – heute

Aktuelle Berichterstattung

18.35 Uhr – Hallo Deutschland (Deutschland 2011)

Die Sendung berichtet über ein Unglück bei einer Flugshow in Nevada(USA), über einen Tornado in der Eifel von 1986 und begleitet die „Tatort-Entrümpler“.[131]

19.00 Uhr – heute

Die Themen sind die Verschärfung des Euro-Stabilitätspaktes, die Eröffnung der Internationalen Automobilausstellung für das breite Publikum und den Beginn des Oktoberfestes.[132]

19.20 Uhr – Wetter

22.45 Uhr – heute-journal

Die Themen: Eine Madonnen-Ausstellung in Dresden, die Eurokrise und ein Polit-Duell bei der ersten Maß.[133]

22.58 Uhr – Wetter

00.15 Uhr – heute

Aktuelle Berichterstattung

---

[130] http://wochenjournal.zdf.de/ZDFde/inhalt/5/0,1872,1021125_idDispatch:10932502,00.html

[131] http://hallodeutschland.zdf.de/ZDFde/inhalt/20/0,1872,1021108_idDispatch:10932516,00.html

[132] http://www.zdf.de/ZDFde/inhalt/30/0,1872,1021118_idDispatch:10928115,00.html

[133] http://heutejournal.zdf.de/ZDFde/inhalt/0/0,1872,1021120_idDispatch:10932528,00.html

03.30 Uhr – heute

Aktuelle Berichterstattung

18/09/2011

05.40 Uhr – Hallo Deutschland (Deutschland 2011)

Wiederholung der Sendung vom 17.09.2011 um 18.35 Uhr.

09.00 Uhr – heute

Aktuelle Berichterstattung

12.57 Uhr – heute

Aktuelle Berichterstattung

15.20 Uhr – heute

Aktuelle Berichterstattung

17.00 Uhr – heute

Aktuelle Berichterstattung

19.00 Uhr – heute

„heute" berichtet über die Wahlen zum Abgeordnetenhaus, den Truppenbesuch des Verteidigungsminister de Maiziére in Kundus und einen erneuten Unfall bei einer Flugschau in Washington.[134]

20.00 Uhr – Wahl in Berlin (Live)

Theo Koll und die Forschungsgruppe Wahlen e.V. berichten Live aus dem ZDF-Wahlstudio im Abgeordnetenhaus in Berlin über Hochrechnungen und Analysen.[135]

---

[134] http://www.zdf.de/ZDFde/inhalt/30/0,1872,1021118_idDispatch:10934065,00.html

[135] http://www.zdf.de/ZDFde/inhalt/27/0,1872,7602939_idDispatch:10934069,00.html

21.45 Uhr – heute-journal

Die Themen der Sendung sind: SPD mit Wahl-Sieg, FDP mit Wahldebakel und die Piratenpartei ist mit an Bord.[136]

01.10 Uhr – heute

Aktuelle Berichterstattung

03.00 Uhr – heute

Aktuelle Berichterstattung

3.6 Politik/Gesellschaft

12/09/2011

19.20 Uhr – Was nun Herr Schäuble?

Fragen an den Finanzminister rund um die Situation in Griechenland, das einbrechende Wirtschaftswachstum, der Fall des DAX und die wankende Kanzlermehrheit.[137]

13/09/2011

21.00 Uhr – Frontal 21 (Deutschland 2011)

Die Themen der Sendung sind der Verdacht auf Subventionsbetrug (deutsche Hähnchen werden nach Russland exportiert), der Euro in der Krise (Was kostet uns die Griechenland-Pleite?), die späte Aufarbeitung der Polizei Brandenburg (750 Stasi-Belastete), krank im Altenheim (Warum werden Senioren schlecht versorgt?) und der Streit um die Bildung (Wer braucht noch Hauptschulen?).[138]

---

[136] http://heutejournal.zdf.de/ZDFde/inhalt/0/0,1872,1021120_idDispatch:10934073,00.html

[137] http://www.zdf.de/ZDFde/inhalt/15/0,1872,5268079_idDispatch:10971885,00.html

[138] http://frontal21.zdf.de/ZDFde/inhalt/25/0,1872,8233113,00.html

22.15 Uhr – 37 Grad – Traumfrau für Vater gesucht (Deutschland 2011)

Das Team der Sendung begleitet drei Väter mit ihren Kindern auf der Suche nach der richtigen Partnerin, was vor allem für die Kinder nicht einfach ist.[139]

03.40 Uhr – Frontal 21 (Deutschland 2011)

Wiederholung der Sendung von 21.00 Uhr.

14/09/2011

22.15 Uhr – auslandsjournal (Deutschland 2011)

Das „auslandsjournal“ berichtet über Griechenlands Angst vor der Staatspleite, Syrische Flüchtlinge im Libanon, Chinas Blick auf den Westen und Schlangenfänger in Australien.[140]

22.45 Uhr – ZDFZoom - Die heimlichen Strippenzieher (Deutschland 2011)

Die Sendung handelt von Lobbyisten und deren Einfluss z.B. auf Gesundheitsreform oder Mehrwertsteuer. Etwa 5000 Lobbyisten sind rund um das Kanzleramt verteilt - es geht nur um Macht, Einfluss und viel Geld. Wie und mit welchen Mitteln arbeiten Lobbyisten?[141]

03.35 Uhr – auslandsjournal (Deutschland 2011)

Wiederholung der Sendung von 22.15 Uhr.

04.10 Uhr - ZDFZoom - Die heimlichen Strippenzieher (Deutschland 2011)

Wiederholung der Sendung von 22.45 Uhr.

15/09/2011

22.15 Uhr – Maybrit Illner (Deutschland 2011)

Die Sendung dreht sich um das Thema Rente und Altersarmut. Zu Gast sind Ursula von der Leyen (CDU, Bundesministerin für Arbeit und Soziales), Klaus Ernst (Die Linke, Parteivorsitzender), Gabriele Kinder (Die 60-Jährige hat ihr Leben lang

---

[139] http://37grad.zdf.de/ZDFde/inhalt/14/0,1872,1020910_idDispatch:10920342,00.html

[140] http://auslandsjournal.zdf.de/ZDFde/inhalt/3/0,1872,8351011,00.html

[141] http://zoom.zdf.de/ZDFde/inhalt/9/0,1872,8235273_idDispatch:10922750,00.html

gearbeitet, Kinder groß gezogen und erwartet nun eine Rente von weniger als 600 Euro), Wolfgang Gründinger (Sprecher der Stiftung für die Rechte zukünftiger Generationen), Michael Hüther (Direktor des Instituts der Deutschen Wirtschaft Köln) und Dorothea Mohn (Finanzexpertin für Geldanlagen und Altersvorsorge beim Verbraucherzentrale Bundesverband).[142]

16/09/2011 nichts

17/09/2011

14.00 Uhr – Große Städte, Große Träume (Deutschland 2011)

Zum Einen wird über Zülfükar berichtet, der nach Riga (Lettland) ausgewandert ist und dort sein eigenes Unternehmen als Berater von Einzelhandels- und Serviceunternehmen gegründet hat. Zum Anderen wird über Catharina berichtet, die in Kapstadt ist, um ihren Uniabschluss zu machen, und ihre Karriere als Model voranzutreiben.[143]

17.05 Uhr – Länderspiegel (Deutschland 2011)

„Länderspiegel" beschäftigt sich mit dem Bahnlärm im Rheintal, den Wahlen in Berlin, den immer weniger genutzten Kirchen, den Rindern, die in Oberstaufen von Alpen in die Täler gebracht werden, dem „Triertag", an dem in Trier durch alle verfügbaren Polizeikräfte Jagd auf die Verkehrsteilnehmer und deren Verstöße gemacht wird und mit einem Kunstgebilde, dass sich „Kleines Rasenstück" nennt, neben einer viel befahrenen Straße angebracht wurde und mit 130 kleinen Metallrohren Richtung Straße ragt.[144]

17.45 Uhr – Menschen – das Magazin (Deutschland 2011)

Die Sendung beschäftigt sich mit dem freiwilligen Einsatz für die Gesellschaft, dem Ehrenamt. Immer mehr Vereine und soziale Einrichtungen sind auf diese Art von Arbeit angewiesen, insgesamt sind etwa 23 Millionen Menschen in Deutschland ehrenamtlich tätig. Doch auch Menschen mit Behinderungen wollen sich einsetzen.[145]

---

[142] http://maybritillner.zdf.de/ZDFde/inhalt/19/0,1872,1021235_idDispatch:10925466,00.html

[143] http://www.zdf.de/ZDFde/inhalt/6/0,1872,1404038_idDispatch:10932504,00.html

[144] http://laenderspiegel.zdf.de/ZDFde/inhalt/7/0,1872,8247463,00.html

[145] http://menschen.zdf.de/ZDFde/inhalt/16/0,1872,2029872_idDispatch:10927811,00.html

18.00 Uhr – ML Mona Lisa (Deutschland 2011)

„ML“ berichtet ausführlich über die Alterskrankheit Demenz, spricht mit dem Schauspieler Günter Schramm über ihn und sein Leben und zeigt das Leben von Fred Rai in der Westernstadt bei Dasing in Bayern.[146]

18/09/2011

09.02 Uhr – Sonntags (Deutschland 2011)

In der Sendung dreht sich alles rund ums Feiern. „Sonntags“ stellt Weinfeste als Alternative zu der Wiesn vor, erklärt warum wir Menschen Feste brauchen und gerne so ausgelassen feiern und berichtet über drei verschiedene Hochzeiten und ihre Bräuche und Hintergründe in Deutschland, Kenia und der Türkei.[147]

09.30 Uhr – Evangelischer Gottesdienst

Der Gottesdienst findet in der Petruskirche in Gießen statt, welche seit 60 Jahren Flüchtlinge aus aller Welt aufnimmt und ihnen Hilfe bietet. Egal ob aus der DDR, Kasachstan, dem Kosovo, Afghanistan oder Somalia, die Flüchtlinge wollen alle nur eines: Leben in Freiheit und Würde.[148]

10.15 Uhr – Blickpunkt (Deutschland 2011)

Das Magazin „Blickpunkt“ berichtet über den Besuch von Papst Benedikt XVI in Deutschland, die Apfelernte im Herbst und den Spreewald als Ausflugstipp.[149]

13.00 Uhr – Peter Hahne (Deutschland 2011)

Die Sendung ist eine Gesprächsreihe mit Peter Hahne, der sich mit zwei Gästen über aktuelle Themen unterhält. Heute zu Gast: Sven Kuntze (TV-Moderator i.R) und Lisa Fitz (Kabarettistin). Es wird sich darüber unterhalten, wie man „richtig“ altert. Lieber der Schaukelstuhl oder doch das Cabrio.[150]

---

[146] http://monalisa.zdf.de/ZDFde/inhalt/18/0,1872,1020210_idDispatch:10932514,00.html

[147] http://sonntags.zdf.de/ZDFde/inhalt/11/0,1872,2042251_idDispatch:10934039,00.html

[148] http://gottesdienste.zdf.de/ZDFde/inhalt/23/0,1872,1020727_idDispatch:10934041,00.html?dr=1

[149] http://blickpunkt.zdf.de/ZDFde/inhalt/4/0,1872,1020868,00.html?dr=1

[150] http://peterhahne.zdf.de/ZDFde/inhalt/7/0,1872,8076487_idDispatch:10934047,00.html

17.30 Uhr – Wahl in Berlin

Es wird ausführlich über die Wahl in Berlin berichtet und es werden sämtliche Zahlen, Analysen und Kommentare präsentiert.[151]

19.30 Uhr – Berliner Runde

Ausführliche Berichterstattung über die Wahl in Berlin.[152]

23.40 Uhr – ZDF-History (Deutschland 2011)

Die Dokumentationsreihe „ZDF-History“ berichtet ausführlich über das Leben von Joseph Ratzinger, dem heutigen Papst Benedikt XVI.[153]

3.7 Ratgeber

12/09/2011

09.05 Uhr – Volle Kanne – Service täglich (Deutschland 2011)

Die Sendung dreht sich um befristete Arbeitsverträge, das Thema Schlaganfall am Beispiel von Gaby Köster und um die Anschläge vom 11. September 2001. Des Weiteren wird im Bereich Reisen über die Faszination Cote d´Azur berichtet und der „Volle Kanne – Küchenchef“ bereitet eine Kürbis-Karottensuppe zu.[154]

19.45 Uhr – WISO (Deutschland 2011)

WISO deckt eine Sicherheitslücke beim Lokführerschein auf, erklärt alles rund um das Thema Arbeit, Lohndumping, Minijobs und befristete Stellen und zeigt, dass es beim Zahnarzt aufgrund einer neuen Gebührenordnung teurer wird. Außerdem ist WISO unterwegs und schickt Nick Benjamin mit nur 150 Euro auf die Reise.[155]

03.45 Uhr – WISO (Deutschland 2011)

Wiederholung der Sendung von 19.45Uhr

---

[151] http://www.zdf.de/ZDFde/inhalt/27/0,1872,7602939_idDispatch:10934063,00.html

[152] http://www.zdf.de/ZDFde/inhalt/27/0,1872,7602939_idDispatch:10934067,00.html

[153] http://history.zdf.de/ZDFde/inhalt/26/0,1872,1020218_idDispatch:10932306,00.html

[154] http://vollekanne.zdf.de/ZDFde/inhalt/28/0,1872,1020540_idDispatch:10885004,00.html

[155] http://wiso.zdf.de/ZDFde/inhalt/25/0,1872,1001625_idDispatch:10917990,00.html

04.10 Uhr – Die Ärzte (Deutschland 2011)

Heute mit den Themen: ist Fett gesund, Schimmel im Haus ist gesundheitsgefährdend und Hörschäden bei Jugendlichen.[156]

13/09/2011

09.05 Uhr – Volle Kanne (Deutschland 2011)

Das Topthema der Sendung dreht sich um sinnvolle Verträge zwischen verheirateten Paaren. Talkgast im Studio ist Entertainer Mario Barth und das „Volle Kanne" – Küchenteam zaubert eine rosa Entenbrust und als Dessert eine Trauben-Weincremeschnitte.[157]

04.25 Uhr – Die Ärzte (Deutschland 2011)

Das Team berichtet heute über Doping, darüber, wie man Parodontitis vorbeugt und was man gegen strapaziertes Haar machen kann. [158]

14/09/2011

09.05 Uhr – Volle Kanne (Deutschland 2011)

Das Topthema der Sendung behandelt den Ärger mit der Rechtsschutzversicherung. Als Studiogast ist Tierfilmer Andreas Kieling da. Das „Volle Kanne" – Küchenteam richtet Kürbis-Kartoffelgnocchis an. Im Bereich Service wird sich mit der Glasknochenkrankheit Osteogenesis imperfecta auseinander gesetzt.[159]

03.05 Uhr – Die Ärzte (Deutschland 2011)

„Die Ärzte" kümmern sich um Themen wie „der gesunde BH", „krankmachendes Ungeziefer" und was man gegen einen Muskelkrampf oder Muskelkater machen kann.[160]

---

[156] http://dieaerzte.zdf.de/ZDFde/inhalt/5/0,1872,7900229_idDispatch:10869047,00.html

[157] http://vollekanne.zdf.de/ZDFde/inhalt/28/0,1872,1020540_idDispatch:10885006,00.html

[158] http://dieaerzte.zdf.de/ZDFde/inhalt/5/0,1872,7900229_idDispatch:10884941,00.html

[159] http://vollekanne.zdf.de/ZDFde/inhalt/28/0,1872,1020540_idDispatch:10885008,00.html

[160] http://dieaerzte.zdf.de/ZDFde/inhalt/5/0,1872,7900229_idDispatch:10879633,00.html

15/09/2011

09.05 Uhr – Volle Kanne (Deutschland 2011)

Das Topthema der Sendung dreht sich um Falschgeld und das richtige Verhalten, wenn einem eine „Blüte" unterkommt. Zu Gast in der Sendung ist Elmar Mai, der Tipps rund um Zwiebelblumen gibt und erklärt, warum jetzt die ideale Zeit für diese Art von Blumen ist. Außerdem bereitet das „Volle Kanne" – Küchenteam eine Puten-Schinkenroulade zu.[161]

04.05 Uhr – Die Ärzte (Deutschland 2011)

Das Ärzteteam erklärt, wie man Grauen und Grünen Star frühzeitig erkennt, was man gegen Mundgeruch tun kann und welche Mittel es gibt, wenn die Nase nicht mehr riecht.[162]

16/09/2011

09.05 Uhr – Volle Kanne (Deutschland 2011)

Das Topthema der Sendung beschäftigt sich mit dem Europäischen Gerichtshof für Menschenrechte, der in einem Urteil die Rechte von leiblichen Vätern stärkt. Mick Wewers zeigt, worauf es beim Hochbettbau ankommt und „Volle Kanne" berichtet über die Ausbreitung des Fuchsbandwurmerregers im südwestdeutschen Raum. Das „Volle Kanne"-Küchenteam kreiert eine Terrine aus Apfel- und Kürbiswürfeln, welche wunderbar mit Vanille, Zimt und Nelke aromatisiert wird.[163]

05.00 Uhr – Citydreams

Das Format „Citydreams" entführt sie Freitags- und Samstagnachts in faszinierende Städte auf der ganzen Welt.[164]

---

[161] http://vollekanne.zdf.de/ZDFde/inhalt/28/0,1872,1020540_idDispatch:10885010,00.html

[162] http://dieaerzte.zdf.de/ZDFde/inhalt/5/0,1872,7900229_idDispatch:10884943,00.html

[163] http://vollekanne.zdf.de/ZDFde/inhalt/28/0,1872,1020540_idDispatch:10885012,00.html

[164] http://www.zdf.de/ZDFde/inhalt/7/0,1872,2045223_idDispatch:10928149,00.html

17/09/2011

05.00 Uhr – Citydreams

Das Format „Citiydreams" entführt sie Freitags- und Samstagnachts in faszinierende Städte auf der ganzen Welt.[165]

18/09/2011 nichts

3.8 Serien

12/09/2011

16.15 Uhr – Herzflimmern – Die Klinik am See (Deutschland 2011) Medical Daily

Über eine Hilfsorganisation findet Stefan eine heiße Spur zu seiner Tochter Charly. Ralf jedoch hat Angst, dass dadurch sein kriminelles Treiben an die Öffentlichkeit gerät und setzt Isabelle darauf an, Charly vor Stefan zu finden.[166]

13/09/2011

16.15 Uhr – Herzflimmern – Die Klinik am See (Deutschland 2011) Medical Daily

Sven beleidigt Henriette, da diese kein Interesse an ihm zeigt, und antwortet auf die Vorwürfe von Sven mit einer Ohrfeige. Mesut steht zu Henriette und bietet ihr an, sich als ihr Freund auszugeben, um Sven deutlich zu machen, dass Henriette nichts von ihm will.[167]

14/09/2011

16.15 Uhr – Herzflimmern – Die Klinik am See (Deutschland 2011) Medical Daily

Ein Freund von Mesut, Dennis Fischer bricht ohne äußerliche Einwirkung zusammen. Man findet in seiner Tasche eine Spritze. Zuerst verdächtigt man ihn des Drogenkonsums, doch später stellt sich heraus, dass er von einer Schlange gebissen wurde.[168]

---

[165] http://www.zdf.de/ZDFde/inhalt/7/0,1872,2045223_idDispatch:10932542,00.html

[166] http://herzflimmern.zdf.de/ZDFde/inhalt/14/0,1872,8208142_idDispatch:10917976,00.html

[167] http://herzflimmern.zdf.de/ZDFde/inhalt/14/0,1872,8208142_idDispatch:10920318,00.html

[168] http://herzflimmern.zdf.de/ZDFde/inhalt/14/0,1872,8208142_idDispatch:10922724,00.html

15/09/2011

16.15 Uhr – Herzflimmern – Die Klinik am See (Deutschland 2011) Medical Daily

Thomas fühlt sich in seiner eigenen Familie fremd und die Tatsache, dass Jan anwesend ist und Johanna keine Zeit für ihn hat, macht ihm das Leben noch schwerer. Mesut weiß dank eines Handyfotos, welche Schlange Dennis gebissen hat und kann das Gegengift besorgen.[169]

16/09/2011

16.15 Uhr – Herzflimmern – Die Klinik am See (Deutschland 2011) Medical Daily

Dr. Bogner, der in eine Kuhherde geraten ist, wird von Shirley und Bernheimer behandelt. Da Dr. Bogner ständig Witze über den Unfall macht, geraten Shirley und Bernheimer in Streit.[170]

19.25 Uhr – Die Rettungsflieger (Deutschland 2007)

Mehrere Unfälle ereignen sich in dieser Folge. Zuerst wäre die Frau Seitz fast an einem Stromschlag gestorben, da ihr Mann die Waschmaschine mit Klebeband repariert hat, dann wird der Werttransportfahrer Karl Fischer bei einer Fahrt von einer Biene gestochen, verreißt das Lenkrad und wird bei dem Unfall schwer verletzt und zuletzt bricht das Tennistalent Annika auf dem Court zusammen.[171]

17/09/2011

19.25 Uhr – Der Bergdoktor (Deutschland 2009)

Hans hat Liebeskummer, macht sich Luft, indem er mit Sprechstundenhilfe Nicole ausgeht und heizt somit die Gerüchteküche an. Auch Klara erreicht die Nachricht, die vor Wut kocht, obwohl sich die beiden getrennt haben, aber ihre Dickköpfigkeit hält sie davon ab, noch einmal mit Hans über ihre Beziehung zu sprechen.[172]

18/09/2011 nichts

---

[169] http://herzflimmern.zdf.de/ZDFde/inhalt/14/0,1872,8208142_idDispatch:10925444,00.html

[170] http://herzflimmern.zdf.de/ZDFde/inhalt/14/0,1872,8208142_idDispatch:10928107,00.html

[171] http://dierettungsflieger.zdf.de/ZDFde/inhalt/9/0,1872,2061609_idDispatch:10925362,00.html

[172] http://derbergdoktor.zdf.de/ZDFde/inhalt/20/0,1872,7150356_idDispatch:10932522,00.html

3.9 Sport

12/09/2011 nichts

13/09/2011 nichts

14/09/2011 nichts

15/09/2011 nichts

16/09/2011 nichts

17/09/2011

23.00 Uhr – Das aktuelle Sportstudio

„Das aktuelle Sportstudio“ berichtet ausführlich von dem Bundesliga Spieltag am Samstag, schaltet zu Per Mertesacker nach London und begrüßt als Studiogast Claudio Pizzaro von Werder Bremen, gegen den sich ein Zuschauer an der Torwand versucht.[173]

18/09/2011

17.05 Uhr – ZDF SPORTreportage

Die „ZDF SPORTreportage“ beschäftigt sich mit der Motorrad Moto2-WM, dem Fußball in Italien und Kloses Verein „Lazio Rom“, sowie dem 6. Spieltag in der Fußball-Bundesliga.[174]

3.10 Unterhaltung

12/09/2011

14.15 Uhr – Die Küchenschlacht (Deutschland 2011)

Die Sendung läuft von Montag bis zum Finale am Freitag. Montags kochen sechs Kandidaten gegeneinander. Jeden Tag scheidet ein Hobbykoch aus, so dass am Freitag nur noch zwei Kandidaten gegeneinander antreten. Den Kandidaten wird in jeder Sendung ein Kochprofi zur Seite gestellt, der ihnen hilft, gegebenenfalls

---

[173] http://sportstudio.zdf.de/ZDFde/inhalt/18/0,1872,2062962_idDispatch:10914112,00.html

[174] http://sportreportage.zdf.de/ZDFde/inhalt/18/0,1872,8352722,00.html

assistiert und auch durch die Sendung führt. Die gekochten Gerichte werden am Ende jeder Sendung von einem anderen Kochprofi bewertet, der Koch des Gerichtes, das am schlechtesten bewertet wird, scheidet aus.[175]

15.05 Uhr – Topfgeldjäger (Deutschland 2011)

Topfgeldjäger ist eine Art Kochquiz bei dem zwei Frauen gegen zwei Männer in 45 Minuten sechs Gerichte (Vorspeise, Hauptspeise und Dessert) kochen müssen. Beide Teams haben identische Zutaten, können sich jedoch mit richtigen Antworten auf diverse Fragen, Extrazutaten erspielen. Am Ende bewertet Juror Frank Rosin die Gerichte und gibt den Gewinner bekannt. Dieser kann sich entscheiden, ob er mit dem gewonnenen Geld nach Hause geht oder es riskiert, am nächsten Tag erneut anzutreten, um eventuell eine höhere Summe zu gewinnen. Moderator von „Topfgeldjäger“ ist Steffen Henssler.[176]

13/09/2011

14.15 Uhr – Die Küchenschlacht (Deutschland 2011)

Siehe oben

15.05 Uhr – Topfgeldjäger (Deutschland 2011)

Siehe oben

---

[175] http://kuechenschlacht.zdf.de/ZDFde/inhalt/19/0,1872,7142675_idDispatch:10917968,00.html

[176] http://topfgeldjaeger.zdf.de/ZDFde/inhalt/13/0,1872,8091757_idDispatch:10917972,00.html

22.45 Uhr – Markus Lanz (Deutschland 2011)

Die Talkshow „Markus Lanz“ wird dreimal wöchentlich ausgestrahlt und beschäftigt sich in der heutigen Sendung mit dem Thema Amanda Knox, die seit drei Jahren wegen des Mordes an ihrer Mitbewohnerin im Gefängnis sitzt. Als Gesprächspartner ist ihr Stiefvater, Chris Mellas, sowie ihre deutsche Großcousine Dorothee Nair und die Journalistin Anke Helle, die sich ausgiebig mit dem Fall beschäftigt hat, eingeladen. Des Weiteren sind der Liedermacher Konstantin Wecker, welcher aus seinem Buch „Es geht ums tun und nicht ums siegen“ erzählt, Moderator Wigald Boning, über sein neues Buch „Die Geschichte der Fußleiste und ihre Bedeutung für das Abendland“ erzählt und Caroline Wendt, die um ihre magersüchtige Tochter kämpft, zu Gast.[177]

14/09/2011

14.15 Uhr – Die Küchenschlacht (Deutschland 2011)

Siehe oben

15.05 Uhr – Die Topfgeldjäger (Deutschland 2011)

Siehe oben

20.15 Uhr – Rette die Million! – Das große Familienspecial (Deutschland 2011)

„Rette die Million!“ ist eine Quizshow, die einmal die Woche ausgestrahlt wird und in der die Kandidaten eine Million Euro gewinnen können. Das Prinzip dieser Sendung ist genau umgekehrt zu anderen Quizshows, denn hier geht es nicht darum so viel Geld wie möglich zu erspielen, sondern so viel Geld wie möglich am Ende übrig zu haben. Man startet mit einer Millionen Euro und durchläuft acht Raterunden, in denen man sein Geld auf verschiedene Felder verteilen kann. In dieser Spezialausgabe spielen die Teams Generationen übergreifend im Familienverband. Die Show wird geführt und moderiert von Jörg Pilawa.[178]

23.15 Uhr – Markus Lanz (Deutschland 2011)

Die Talkshow „Markus Lanz“ wird dreimal wöchentlich ausgestrahlt und beschäftigt sich in dieser Sendung mit Susanne Preusker, welche sieben Stunden in der Gewalt

---

[177] http://markuslanz.zdf.de/ZDFde/inhalt/1/0,1872,7243009_idDispatch:10920344,00.html

[178] http://million.zdf.de/ZDFde/inhalt/22/0,1872,8108374_idDispatch:10922742,00.html

eines Sexualstraftäters war, mit Harro Füllgrabe, der als Extremreporter um die Welt reißt, mit Rüdiger Nehberg, der von seinen Abenteuern berichtet, mit Dr. Michael Winterhoff, der aus seinem Erziehungsbestseller „Lasst Kinder wieder Kinder sein" erzählt und mit Maite Kelly, welche Mutter von zwei Töchtern ist und das Leben in einer Großfamilie kennt.[179]

01.30 Uhr - Rette die Million! – Das große Familienspecial (Deutschland 2011)

Wiederholung der Sendung von 20.15 Uhr.

04.40 Uhr - @rt of animation

Dieses neue Format bietet in drei- bis vierminütigen Clips einen Einblick in die Welt der Computeranimationen aus 33 Themengebieten wie beispielsweise Anatomie, Verkehr, Musik, Perspektive und Räume, Flüssigkeiten und Nanotechnik.[180]

15/09/2011

14.15 Uhr – Die Küchenschlacht (Deutschland 2011)

Siehe oben

15.05 Uhr – Die Topfgeldjäger (Deutschland 2011)

Siehe oben

23.15 Uhr – Markus Lanz (Deutschland 2011)

Die Talkshow „Markus Lanz“ wird dreimal wöchentlich ausgestrahlt und beschäftigt sich mit Schlagerstar Howard Carpendale, Unternehmer Ernst Prost, Immobilienspekulant Klaus Barski und FDP-Politikerin Katja Suding über die Reichensteuer. Schauspieler Wotan Wilke Möhring erzählt aus seiner Jugend und seinem neuen Film „Männerherzen und die ganz, ganz große Liebe". Außerdem berichtet der Journalist Detlef Vetten von seinen Erfahrungen in der Psychiatrie.[181]

---

[179] http://markuslanz.zdf.de/ZDFde/inhalt/1/0,1872,7243009_idDispatch:10922752,00.html

[180] http://www.zdf.de/ZDFde/inhalt/6/0,1872,1404038_idDispatch:10922770,00.html

[181] http://markuslanz.zdf.de/ZDFde/inhalt/1/0,1872,7243009_idDispatch:10925468,00.html

04.35 Uhr- @rt of animation

Dieses neue Format bietet in drei- bis vierminütigen Clips einen Einblick in die Welt der Computeranimationen aus 33 Themengebieten wie beispielsweise Anatomie, Verkehr, Musik, Perspektive und Räume, Flüssigkeiten und Nanotechnik.[182]

16/09/2011

14.15 Uhr – Die Küchenschlacht (Deutschland 2011)

Siehe oben

15.05 Uhr – Die Topfgeldjäger (Deutschland 2011)

Siehe oben

22.30 Uhr – heute-show (Deutschland 2011)

Selbst die schlechtesten Nachrichten werden mit Humor verpackt, denn „Oliver Welke und sein Reporterteam analysieren mit Witz und Verstand, was sich in der Welt der TV-Nachrichten über die Woche getan hat". Diese Sendung informiert, klärt auf und führt Nachrichten und Satire zusammen.[183]

23.30 Uhr – Lanz kocht (Deutschland 2011)

In dieser Sendung werden von verschiedenen bekannten Köchen kulinarische Highlights gezaubert. In der heutigen Sendung zu Gast: Cornelia Poletto (Vorspeise: Polettos Königsmakrele), Tim Mälzer (Zwischengang: Wagyu-Filet mit Champignons), Nelson Müller (Erster Hauptgang: Konfiertes Bio-Ei mit Red-King Lachs, Rahmspinat und Bianchetti), Alexander Herrmann (Zweiter Hauptgang: Zweierlei vom schwarzen Trüffel) und Alfons Schuhbeck (Dessert: Pralinenmousse mit Mangostanensalat).[184]

00.50 Uhr – heute-show (Deutschland 2011)

Wiederholung der Sendung von 22.30 Uhr.

---

[182] http://www.zdf.de/ZDFde/inhalt/6/0,1872,1404038_idDispatch:10925482,00.html

[183] http://heuteshow.zdf.de/ZDFde/inhalt/23/0,1872,7555031_idDispatch:10928127,00.html

[184] http://lanzkocht.zdf.de/ZDFde/inhalt/2/0,1872,7243042_idDispatch:10928131,00.html

17/09/2011

11.05 Uhr – Die Küchenschlacht – der Wochenrückblick (Deutschland 2011)

Wie der Name schon verrät, werden bei dieser Show noch einmal die Höhepunkte der Woche gezeigt.

16.15 Uhr – Lafer!Lichter!Lecker! (Deutschland 2011)

In der etwas anderen Promi-Kochschule feiern Horst Lichter und Johann Lafer den Beginn des Oktoberfestes und haben sich als Verstärkung Schauspielerin Eva Habermann und ihren Kollegen Jan-Gregor Kremp eingeladen.[185]

18/09/2011

11.00 Uhr – ZDF-Fernsehgarten Oktoberfest-Spezial 2011

Der „ZDF-Fernsehgarten" ist eine sonntägliche Live-Open-Air-Unterhaltungsshow moderiert von Andrea Kiewel. Dieses Format bietet eine bunte Mischung aus Musik, Talk, Service, Aktion und Spielen. Diesen Sonntag steht die Sendung unter dem Motto „Oktoberfest". [186]

3.11 Wissen

12/09/2011

04.40 Uhr – Global Vision

Dieses Format entführt die Zuschauer in Zeiten der Globalisierung in fremde Länder und Kulturen. Es ist eine spannende Mischung aus fernöstlichen Impressionen und „chill-out"- Musik.[187]

---

[185] http://laferlichterlecker.zdf.de/ZDFde/inhalt/20/0,1872,4084468_idDispatch:10932508,00.html

[186] http://fernsehgarten.zdf.de/ZDFde/inhalt/27/0,1872,1021211_idDispatch:10914109,00.html

[187] http://www.zdf.de/ZDFde/inhalt/13/0,1872,2296077_idDispatch:10918014,00.html

13/09/2011

20.15 Uhr – Die Geheimnisse des John F. Kennedy (Deutschland 2011)

Die Dokumentation dreht sich rund um den am 22. November 1963 ermordeten John F. Kennedy.[188]

04.55 Uhr – Global Vision

Siehe oben

14/09/2011

00.45 Uhr – Die Geheimnisse des John F. Kennedy (Deutschland 2011)

Wiederholung vom 13/09/2011 um 20.15 Uhr.

15/09/2011 nichts

16/09/2011 nichts

17/09/2011 nichts

18/09/2011

13.25 Uhr – zdf.umwelt (Deutschland 2011)

In dem Magazin „zdf.umwelt“ geht es rund um das Elektroauto, das Thema „125 Jahre Automobil“, weiterhin um Krankheitsbilder, die durch Tonerstaub von Druckern oder Kopierern entstehen können und um den Kampf um den „Yasuni Nationalpark“ im Osten Ecuadors. Die Sarayaku-Indianer treten vor das höchste Gericht zur Erhaltung ihres Lebensraumes.[189]

01.15 Uhr – Leschs Kosmos (Deutschland 2011)

Harald Lesch begibt sich in die chilenische Atacamawüste, um über das „Very Large Telescope“, kurz VLT, zu berichten.[190]

---

[188] http://dokumentation.zdf.de/ZDFde/inhalt/19/0,1872,1021587_idDispatch:10920334,00.html

[189] http://umwelt.zdf.de/ZDFde/inhalt/30/0,1872,1020478_idDispatch:10934049,00.html

[190] http://leschskosmos.zdf.de/ZDFde/inhalt/20/0,1872,7960116_idDispatch:10934079,00.html

01.30 Uhr – Stockholm – Die Entspannte

Diese Sendung ist eine Dokumentation über die Stadt und bietet Hintergründe und tiefe Einblicke in deren Leben und Kultur.[191]

02.15 Uhr – Kapstadt – Die afrikanische Verführung

Diese Sendung ist eine Dokumentation über die Stadt und bietet Hintergründe und tiefe Einblicke in deren Leben und Kultur.[192]

03.05 Uhr – Vancouver – Die „Coole“ am Pazifik

Diese Sendung ist eine Dokumentation über die Stadt und bietet Hintergründe und tiefe Einblicke in deren Leben und Kultur.[193]

03.50 Uhr – Kairo – Mutter aller Städte

Diese Sendung ist eine Dokumentation über die Stadt und bietet Hintergründe und tiefe Einblicke in deren Leben und Kultur.[194]

04.35 Uhr – Global Vision

Dieses Format entführt die Zuschauer in Zeiten der Globalisierung in fremde Länder und Kulturen. Es ist eine spannende Mischung aus fernöstlichen Impressionen und „chill-out“- Musik.[195]

05.00 Uhr – ZDF.umwelt (Deutschland 2011)

Wiederholung der Sendung von 13.25 Uhr.

---

[191] http://www.zdf.de/ZDFde/inhalt/6/0,1872,1404038_idDispatch:10934081,00.html

[192] http://www.zdf.de/ZDFde/inhalt/6/0,1872,1404038_idDispatch:10934083,00.html

[193] http://www.zdf.de/ZDFde/inhalt/6/0,1872,1404038_idDispatch:10934087,00.html

[194] http://www.zdf.de/ZDFde/inhalt/6/0,1872,1404038_idDispatch:10934089,00.html

[195] http://www.zdf.de/ZDFde/inhalt/13/0,1872,2296077_idDispatch:10920364,00.html

4 Auswertung

Die Auswertung erfolgt zunächst anhand der eingeteilten Sparten, ein abschließendes Fazit wird im nächsten Kapitel gezogen. Aus den Beschreibungen und inhaltlichen Auswertungen des ZDF-Hauptprogramms über den Zeitraum von einer Woche (12.09.2011 – 18.09.2011) ergibt sich folgendes Bild: Im Bereich **Film** ist festzustellen, dass nicht nur deutsche Produktionen, sondern auch ausländische Produktionen (USA, Frankreich), gezeigt werden. Jedoch weisen weder die deutschen Filme, wie zum Beispiel „Ein mörderisches Geschäft" oder „Der Ferienarzt", noch die ausländischen Filme, wie zum Beispiel „Ein Chef zum Verlieben" oder „Invasion", einen hohen Integrationsgehalt auf. Lediglich die Filme „Shahada" und „Shalako" befassen sich mit anderen Kulturen, so dass man hier feststellen kann, dass das Thema Integration durchaus aufgegriffen wird. In „Shahada" wird das Leben und die Sichtweise der Muslime näher gebracht und man hat die Chance einen Einblick in die Kultur, das Weltbild und deren Einstellung zu gelangen. Man kann schon von der „Integrationsfunktion" als solche sprechen, da es zwar mehr an eine Dokumentation erinnert und Einwanderer nicht aktiv in das deutsche Fernsehen einbindet, aber es einen Integrationscharakter aufweist. Auch bei „Shalako" zeigt sich dasselbe Bild wie bereits bei „Shahada". Es wird zwar ein wenig von der Kultur, dem Lebensraum und den Gewohnheiten der Apachen gezeigt, doch alles mit einem negativen Touch und nicht in einer Hauptrolle. Insgesamt finden sich in dieser Woche von 14 Filmen nur zwei Filme, die das Thema „Integration" behandeln bzw. die unter dem Aspekt „Integrationsauftrag" berücksichtigt werden können. Auffallend ist zudem die Sendezeit. „Shahada" läuft Montag Nacht um 00.00Uhr und „Shalako" Samstags um 00.20 Uhr, woraus man schlussfolgern kann, dass die Zuschauerzahlen nicht all zu hoch ausfallen. In den Sendungen der Sparte „**Kinder**" werden spielerisch allgemeine Verhaltensformen gezeigt und näher gebracht. Es wird weniger Wert speziell auf Integration gelegt. Allerdings kann man teilweise einen integrativen Zweck dahinter erkennen, wie zum Beispiel beim „Dschungelbuch". Mogli wird in der Wildnis von Wölfen großgezogen und ist mit Bären, Affen und anderen Tieren befreundet. Die eben genannten Waldbewohner kann man als Menschen unterschiedlicher Herkunft mit unterschiedlichen Religionen sehen und es wird einem gezeigt, dass alle diese Individuen in einer Gesellschaft zusammenleben und sich verstehen. Ob das Kinder in dem Alter schon verstehen und in diesem Sinne wahrnehmen, sei dahin gestellt. Aber auch die Sendung „logo! Die Welt und ich" bringt Kindern Ereignisse und Informationen aus der ganzen Welt kindgerecht näher. In dem Genre „**Krimiserien**" werden fast ausschließlich deutsche

Produktionen wie „Der Alte“ oder „SOKO Köln“ gezeigt. Ausnahmen sind die deutsch-österreichische Produktion „SOKO Kitzbühel“ oder die deutsch-schweizerische Produktion „Kommissar Beck“, sowie die Produktion „Hustle - Unehrlich währt am längsten“ aus Großbritannien. Bei allen diesen Ausstrahlungen hat kaum ein Kommissar, Hauptdarsteller oder Nebenrolle einen Migrationshintergrund, außer in der Krimiserie „Notruf Hafenkante“ spielt Serhat Cokgezen, geboren in Istanbul, den Polizeimeister Tarik Coban und in „Der Alte“ spielt Charles Muhamad Huber, senegalesische Abstammung, den Kriminalkommissar Henry Johnson. So bleibt festzuhalten, dass in diesem Genre wenig integrativer Inhalt zu erkennen ist, denn auch inhaltlich weist keine der untersuchten Sendungen einen religiösen, kulturellen oder anderweitigen Handlungsstrang auf, der hinsichtlich einer Integrationsfunktion von Bedeutung ist. Unter den Punkt „**Kultur**“ fällt nichts Integratives. Wobei es eigentlich vermuten lässt, dass hier die Kulturen anderer Länder und Völker näher gebracht werden oder man zumindest einen Einblick genießen kann, um so mehr Bewusstsein und Verständnis für die Mitmenschen zu entwickeln. Jedoch wird in Sendungen wie „Das blaue Sofa“ ausschließlich über neue Literatur oder „Das philosophische Quartett“ über unterschiedliche Stadtplanungen gesprochen und diskutiert. Kommen wir zu dem nächsten Unterpunkt der Programmanalyse „**Nachrichten/Aktuelles**“. Dies muss man bei der Suche nach Bemühungen des öffentlich-rechtlichen Rundfunks, ihren Teil zu Integration beizutragen, ein wenig ausklammern. Zwar fallen die Nachrichten, hauptsächlich aus Deutschland, aber auch aus aller Welt, größtenteils unter den Punkt des Grundversorgungsauftrags des ZDF. Denn wie schon in „2.1 Grundversorgung“ beschrieben, haben die öffentlich-rechtlichen Fernsehanstalten den Auftrag, die Gesellschaft mit Informationen über Geschehnisse aus der ganzen Welt zu versorgen, damit sich jeder Bürger sein eigenes Meinungsbild verschaffen kann. Aber natürlich wird in Deutschland, mehr als in anderen Ländern, über Aktuelles und Geschehnisse im Ausland berichtet. Gerade Formate wie „heute- in europa“, welche dezidiert über Nachrichten aus Europa berichten und zudem noch von Hülya Özkan, geboren in der Türkei, moderiert wird, tragen zu Integration bei.[196] Ebenso wurde „heute – in Deutschland“ von 2007-2010 und seit 2010 das „ZDF-Morgenmagazin“ also Hauptmoderatorin von Dunja Hayali, deren Eltern aus dem Irak stammen, moderiert.[197] Alle diese Menschen sind Vorbilder und Identifikationsfiguren für andere Migranten oder Menschen mit Migrations-hintergrund und haben so maßgeblichen Anteil an der Integrationsfunktion des ZDF. Im Bereich

---

[196] http://heuteineuropa.zdf.de/ZDFde/inhalt/22/0,1872,5563318,00.html

[197] http://www.welt.de/vermischtes/prominente/article10210372/Dunja-Hayali-die-volltaetowierte-ZDF-Moderatorin.html

„***Politik/Gesellschaft***“ zeigt sich ein ähnliches Bild wie bei „Nachrichten/Aktuelles“. Es dient hauptsächlich als informative Plattform und zur Meinungsbildung der Gesellschaft. Allerdings findet man bei genauerer Betrachtung auch rein integrative Formate wie zum Beispiel das „auslandsjournal“, welches explizit über Geschehnisse im Ausland berichtet oder die Sendung „sonntags“, welche zum Beispiel ausführlich über drei verschiedene Arten von Hochzeit berichtet. „sonntags“ schaut dabei nach Deutschland, in die Türkei und nach Kenia. Mit solchen Berichten lernen sowohl Einwanderer, deutsche Tugenden kennen, aber auch Deutsche, Bräuche und Traditionen in anderen Ländern. Genau das, schafft mehr Toleranz und Verständnis für andere Kulturen. Aber ebenso wird im Bereich „Politik/Gesellschaft“ mit der Sendung „Große Städte, Große Träume“ gezeigt, wie deutsche Auswanderer es schaffen wollen, im Ausland Fuß zu fassen. Es wird gezeigt, welche Hürden und Barrikaden es zu überwinden gilt, um sich im Ausland zu etablieren und sich integriert zu fühlen. Ich denke, dieses umgekehrte Beispiel weckt bei den deutschen Bürgern mehr Bewusstsein, wie schwer es wiederum für Einwanderer ist, in Deutschland diesen Prozess zu durchwandern. Vergeblich sucht man nach Integrativem im Bereich **Ratgeber**. Einzig allein die Sendung „Citydreams“, welche den Zuschauer in den Zauber und Flair von anderen Städten im Ausland führt, ist nicht nur an Deutschland gebunden, sondern weckt Interesse am Ausland und somit an den Einwanderern. Doch wird dieses Format morgens um 5.00 Uhr ausgestrahlt, was auf niedrige Zuschauerzahlen schließen lässt. Unter das Genre „**Serien**“ fallen drei Sendungen „Der Bergdoktor“, „Die Rettungsflieger“ und „Herzflimmern – Die Klinik am See“. Die zwei erst genannten bürgen keinen integrativen Gehalt oder Hintergrund und sind somit außen vor zu lassen. Die zuletzt genannte Sendung, „Herzflimmern – Die Klinik am See“ unterhält die Zuschauer und animiert eventuell auch ausländische Mitbürger zum Einschalten. Denn hier ist eine Hauptrolle mit Migrationshintergrund vorzufinden. Der 29-Jährige Mesut Acar ist Krankpfleger mit keiner positiven Vergangenheit, doch die Patienten lieben ihn wegen seiner Art. Er ist ehrlich und direkt und hat immer einen lustigen Spruch auf den Lippen.[198] Die Sendung läuft von Montag bis Freitag immer um 16.15 Uhr und ist ein gutes Beispiel für Integration und geht meiner Meinung nach in die richtige Richtung. Der Hauptrollencharakter hat einen Migrationshintergrund und zudem noch eine düstere Vergangenheit, ist trotz alledem integriert und von der Gesellschaft akzeptiert. Dies ist das beste Vorbild wie es sein kann und wie es sein sollte in Deutschland. Mit dem Bereich „**Sport**“ verhält es sich ähnlich wie bei „Nachrichten/Aktuelles“. Zwar wird

---

[198] http://herzflimmern.zdf.de/ZDFde/inhalt/15/0,1872,8211023,00.html

auch hier nicht nur Sport aus Deutschland gezeigt, sondern sich ebenfalls mit Sport aus aller Welt beschäftigt, doch fällt das genau wie der Bereich „Nachrichten/ Aktuelles“ größtenteils unter den Aspekt der Grund-versorgung. Denn um sich ein ausführliches Meinungsbild schaffen zu können, gehört es ebenso zum Grundversorgungsauftrag, nicht nur über Politik und Aktuelles zu informieren und zu berichten, sondern eben auch über Sport. In dem Feld „**Unterhaltung**“ weisen Sendungen wie „Rette die Million!“, „Der ZDF-Fernsehgarten“, „Markus Lanz“, „heute-show“, „Lanz kocht“, „Lafer!Lichter!Lecker!“, „@rt of animation“ oder „Topfgeldjäger“ keinerlei Integrationsgehalt auf. Wobei man bei „Unterhaltung“ auf die Idee kommen könnte, mit in einer Art Quiz-Show andere Länder und Kulturen auf eine spielerische Art und Weise den Menschen näher zu bringen. Doch dem ist nicht so, einzig allein die Sendung „Küchenschlacht“ zeigt ein gelungenes Beispiel von Integration. Denn hier ist der Koch, der den Kandidaten hilft, assistiert und durch die Sendung führt, Nelson Müller. Eigentlich Nelson Nutakor, geboren 1979 in Ghana, als Vier-Jähriger nach Deutschland gekommen, bei einer Pflegefamilie aufgewachsen und deren Namen angenommen. Er ist heute ein angesehener, etablierter und äußerst sympathischer Sternekoch und nicht nur im ZDF präsent, sondern in der gesamten Medienlandschaft.[199] Im Bereich „**Wissen**“ läuft immer Montag Morgens um ca. 4.40 Uhr das Format „Global Vision“, welches das fernöstliche Leben und Impressionen im Zusammenspiel mit „Chill-Out“- Musik näher bringt. Eine schöne Art und Weise, den Deutschen an andere Kulturen heranzuführen. Doch wer schaut um diese Sendezeit Fernsehen? In der Nacht vom 18.09.2011 auf den 19.09.2011 werden in der Rubrik „Wissen“ Traumstädte und Metropolen wie zum Beispiel Vancouver, Kairo, Kapstadt und Stockholm vorgestellt. Es wird das Leben, die Kultur und die Landschaft nähergebracht und zeigt somit einen sehr integrativen Charakter. In der Sendung „zdf.umwelt“ wird über den Kampf der Sarayaku-Indianer in Ecuador, vor den höchsten Gerichten, zur Erhaltung ihres Lebensraumes berichtet. Hier wird vor Augen geführt, wie schwer es Minderheiten auch in anderen Ländern haben. All das ist wichtig und stärkt das Bewusstsein, die Toleranz für andere Kulturen, Sitten und Bräuche. In den anderen beiden Sendungen „Die Geheimnisse des John F. Kennedy“ und „Leschs Kosmos“, die der Rubrik „Wissen“ zugeteilt sind, ist nichts Integratives zu finden.

[199] http://www.kochende-leidenschaft.de/leidenschaft/koeche/portraits/nelson.html

5 Zusammenfassung

Ziel der vorliegenden Arbeit ist es, die Integrationsfunktion des öffentlich-rechtlichen Rundfunks am Beispiel des ZDF-Hauptprogramms zu untersuchen. Um ein konkretes Ergebnis zu erzielen, wurden zunächst Grundbegriffe wie „Grundversorgung“ und „Integration“ geklärt. Danach wurde das ZDF-Hauptprogramm im Zeitraum 12.09.2011 – 18.09.2011 unter Berücksichtigung der Integrationsfunktion untersucht, analysiert und ausgewertet. Meiner Meinung nach wäre es falsch, die komplette Programmstruktur auf Integration abzustimmen. Somit befürworte ich sehr den Weg, den das ZDF eingeschlagen hat. Denn das ZDF bietet zum Einen Formate wie zum Beispiel „Citiydreams“ an, das in andere Länder und Kulturen entführt. Zum Anderen binden sie Schauspieler mit Migrationshintergrund wie zum Beispiel Serhat Cokgezen, geboren in Istanbul, der in „Notruf Hafenkante“ den Polizeimeister Tarik Coban spielt, ein oder lassen zum Beispiel Hulya Özkan oder Dunya Hayali Nachrichten moderieren und stellen somit eine Normalität her, dass sich gar nicht mehr die Frage stellt, ob diese beiden Frauen integriert sind. Die beiden Protagonisten werden so vielmehr zu Mulitplikatoren und zeigen den Zuschauern, dass die jeweils eigene Nationalität einen Platz – in diesem Falle im Fernsehen – hat. Ein repräsentativer Anteil muss in den Medien vorhanden sein, um so einen reales Bild zu entwerfen und die pluralistische multikulturelle Gesellschaft in Deutschland widerzuspiegeln. Wenn jeder seinen Teil zu Integration und einer funktionierenden Gesellschaft mit unterschiedlichen Herkünften, Religionen und Bräuchen beiträgt, lernen, helfen und bereichern sich die Bürger gegenseitig. Dies muss auch die Aufgabe des öffentlich-rechtlichen Rundfunks sein, da dem Medium Fernsehen allein schon wegen des täglichen Fernsehkonsums der Deutschen eine immens wichtige Rolle zukommt. Einwanderer, die sich integrieren und mit Deutschland identifizieren möchten, schauen auch Sender wie ZDF oder ARD. Doch gibt es auch hier eine Kehrseite. Immigranten, die sich gegen Integration wehren, besitzen eigene Satellitenantennen um ihre Heimatsender zu empfangen. Ich denke dadurch wird wiederum die Reichweite eingeschränkt, wofür ein deutscher Fernsehsender nichts kann.Auch ich hätte im Ausland den Anspruch meine Heimatsender wie ARD, ZDF oder Sat1 empfangen zu wollen, doch ist die Frage, inwieweit sich die Immigranten darauf einlassen, deutsches Programm zu schauen und das Medium Fernsehen nutzen, um sich zu integrieren. In meinen Augen kann man Integration nicht nur auf das Fernsehen zurückführen. Auch andere Medien wie Radio oder Print, aber auch die Musik, siehe Bushido und der an ihn verliehene „Bambi für Integration“ oder der Sport mit der deutschen Nationalmannschaft, welche mit den verschiedenen Migrationshintergründen einzelner Spieler eine enorme Vorbildfunktion einnimmt, müssen ihren Teil dazu beitragen, dass Integration wirkungsvoll stattfinden kann. Die Bereitschaft zu Integration ist keine einseitige Angelegenheit, die nur den Deutschen zukommt, sie muss vielmehr von beiden Seiten gleichermaßen vorhanden sein. Das selbe Bild zeigt sich im Fernsehen, denn beispielsweise das Zweite Deutsche Fernsehen bindet Migranten, Menschen mit Migrationshintergrund oder Formate, die andere Länder und Kulturen näherbringen und mehr Bewusstsein und Toleranz hervorrufen, ein, und macht somit den ersten Schritt. Betrachtet man die Wechselwirkung von Angebot und Nachfrage, bleibt festzustellen, dass das Angebot des öffentlich-rechtlichen Rundfunks durchaus da ist, doch bringt das beste Angebot nichts, wenn es von der eigentlichen Zielgruppe nicht genutzt wird. Man kann sich Natürlich die Frage stellen, ob das Angebot reicht? Aber auf der anderen Seite muss man hinterfragen, würde ein noch breiter gefächertes Angebot überhaupt Beachtung bei den Einwanderern finden? Es wird immer Menschen geben, die sagen, dass die öffentlich-rechtlichen Rundfunkanstalten zu wenig integrativ tätig sind. Aber genauso wird es auf der anderen Seite Menschen geben, die der Meinung sind, dass das deutsche Fernsehen seine Werte beibehalten sollte und zum Beispiel seine Programmstruktur nicht einzig und allein an Ausländern und Integration orientieren sollte. Ich bin zu dem Schluss gekommen, dass das Zweite Deutsche Fernsehen seine Integrationsfunktion durchaus gewissenhaft erfüllt. Ich halte es für richtig, dass keine Formate ausgestrahlt werden, die überspitzt formuliert „den Ausländer erklären", sondern Migranten oder Menschen mit Migrationshintergrund in den verschiedenen Sendungen mitwirken. Egal ob als Nachrichtensprecher, Moderator oder Schauspieler, sie sind in irgendeiner Form in allen Bereichen wiederzufinden, dienen somit als Identifikationsfigur und symbolisieren eine Art Vorbildfunktion. Denn ich denke, man sollte die Menschen nicht gesondert behandeln oder betrachten, was eventuell den gegenteiligen Effekt zu Folge hätte, sondern sie darstellen, als das was sie sind: Ein normaler und vor allem ein wichtiger Teil unserer Gesellschaft.

Literaturverzeichnis

Bade, Klaus J. & Hiesserich, Hans-Georg 2007: Nachholende Integrationspolitik und Gestaltungsperspektiven der Integrationspraxis. Göttingen. V&R unipress.

Bullinger, Martin 1999: Die Aufgaben des öffentlich-rechtlichen Rundfunks. Wege zu einem Funktionsauftrag. Gütersloh.

Esser, Hartmut 2000:Soziologie.Spezielle Grundlagen. Band 2, Die Konstruktion der Gesellschaft. New York.

Esser, Harmut 2001: Integration und das Problem der "multikulturellen Gesellschaft". In: Mehrländer, U. & Schultze, G: Einwanderungsland Deutschland. Neue Wege nachhaltiger Integration.Bonn. Dietz.

Geddes, Andrew 2003: The Politics of Migration and Immigration in Europe. London. Sage Publications.

Geißler, Rainer & Pöttker, Horst 2006: Integration durch Massenmedien. Medien und Migration im internationalen Vergleich. Bielefeld. Transcript Verlag.

Herrmann, Günter 1975: Fernsehen und Hörfunk in der Verfassung der Bundesrepublik Deutschland. Tübingen.

Kresse, Herrmann 1996: Grundversorgung und noch viel mehr? Eckpunkte einer Balance zwischen öffentlich-rechtlichem Integrationsauftrag und der Entwicklung privater Programme. Zeitschrift für Urheber- und Medienrecht.

Kull, Edgar 1987: Rundfunk-Grundversorgung – Kontext, Begriff, Bedeutung. Vortrag bei der 61. Tagung des Studienkreises für Presserecht und Pressefreiheit am 8. Mai 1987 in Hamburg. Archiv für Presserecht.

Libertus, Michael 1991: Grundversorgungsauftrag und Funktionsgarantie. München.

Lucht, Jens 2004: Funktionen und Perspektiven des öffentlich-rechtlichen Rundfunks. Bestandsaufnahme und Analyse unter besonderer Berücksichtigung der Politikvermittlungsleistung des öffentlich-rechtlichen Fernsehens. Freiburg.

Mahnig, Hans 1998: Integrationspolitik in Großbritannien, Frankreich, Deutschland und Niederlanden. Eine vergleichende Analyse. Forschungsbericht No. 10 des

Schweizerischen Forums für Migrationsstudien. Neuchatel (A). Schweizerisches Forum für Migrationsstudien.

Peters, Bernhard 1993: Die Integration moderner Gesellschaften. Suhrkamp.

Renn, Joachim 2006: Übersetzungsverhältnisse. Perspektiven einer pragmatischen Gesellschaftstheorie. Weilerswist. Velbrück Wissenschaft.

Süssmuth, Rita 2006: Migration und Integration. Testfall für unsere Gesellschaft. München. Deutscher Taschenbuch Verlag.

http://www.focus.de/politik/deutschland/50-jahre-anwerbeabkommen-bundesregierung-wuerdigt-tuerkische-zuwanderer_aid_679543.html (Datum des Zugriffs: 02.11.2011)

http://www.ard.de/intern/basisdaten/onlinenutzung/onlinenutzung_3A_20zeiten_20und_20dauer/-/id=55190/1l98aso/index.html (Datum des Zugriffs: 02.11.2011)

http://www.spiegel.de/flash/0,5532,24404,00.html (Datum des Zugriffs: 14.10.2011)

http://www.gep.de/603.php (Datum des Zugriffs: 21.11.2011)

http://www.sueddeutsche.de/medien/marktforscher-rekordwerte-bei-tv-nutzungsdauer-fernsehland-trotz-internet-1.1042378 (Datum des Zugriffs: 02.11.2011)

http://www.spiegel.de/kultur/gesellschaft/0,1518,472203,00.html (Datum des Zugriffs: 14.10.2011)

http://www.welt.de/vermischtes/prominente/article10210372/Dunja-Hayali-die-volltaetowierte-ZDF-Moderatorin.html (Datum des Zugriffs: 10.11.2011)

http://www.kochende-leidenschaft.de/leidenschaft/koeche/portraits/nelson.html (Datum des Zugriffs: 31.10.2011)

http://www.bundesverfassungsgericht.de/entscheidungen.html (Datum des Zugriffs: 27.09.2011)

http://www.die-medienanstalten.de/fileadmin/Download/Rechtsgrundlagen/Gesetze_aktuell/13._RStV_01.04.2010_01.pdf (Datum des Zugriffs: 21.11.2011) http://fernsehfilm.zdf.de/ZDFde/inhalt/9/0,1872,8327465,00.html (Datum des Zugriffs: 12.09.2011)

http://spielfilm.zdf.de/ZDFde/inhalt/27/0,1872,1020923_idDispatch:10917998,00.html (Datum des Zugriffs: 12.09.2011)

http://daskleinefernsehspiel.zdf.de/ZDFde/inhalt/29/0,1872,1021277_idDispatch:1091 8002,00.html (Datum des Zugriffs: 12.09.2011)

http://spielfilm.zdf.de/ZDFde/inhalt/27/0,1872,1020923_idDispatch:10920348,00.html (Datum des Zugriffs: 13.09.2011)

http://spielfilm.zdf.de/ZDFde/inhalt/27/0,1872,1020923_idDispatch:10920350,00.html (Datum des Zugriffs: 13.09.2011)

http://spielfilm.zdf.de/ZDFde/inhalt/27/0,1872,1020923_idDispatch:10925460,00.html (Datum des Zugriffs: 15.09.2011)

http://spielfilm.zdf.de/ZDFde/inhalt/27/0,1872,1020923_idDispatch:10925476,00.html (Datum des Zugriffs: 15.09.2011)

http://www.zdf.de/ZDFde/inhalt/6/0,1872,1404038_idDispatch:10932506,00.html (Datum des Zugriffs: 17.09.2011)

http://spielfilm.zdf.de/ZDFde/inhalt/27/0,1872,1020923_idDispatch:10932534,00.html (Datum des Zugriffs: 17.09.2011)

http://spielfilm.zdf.de/ZDFde/inhalt/27/0,1872,1020923_idDispatch:10932536,00.html (Datum des Zugriffs: 17.09.2011)

http://spielfilm.zdf.de/ZDFde/inhalt/27/0,1872,1020923_idDispatch:10932540,00.html (Datum des Zugriffs: 17.09.2011)

http://spielfilm.zdf.de/ZDFde/inhalt/27/0,1872,1020923_idDispatch:10934051,00.html (Datum des Zugriffs: 18.09.2011)

http://spielfilm.zdf.de/ZDFde/programm/0,6753,PrAutoOp_idPoDispatch:9986075,00. html (Datum des Zugriffs: 18.09.2011)

http://sonntagsfilm.zdf.de/ZDFde/programm/0,6753,PrAutoOp_idPoDispatch:1093407 1,00.html (Datum des Zugriffs: 18.09.2011) http://www.zeichentrickserien.de/flipper.htm (Datum des Zugriffs: 04.11.2011)

http://www.zeichentrickserien.de/yakari2.htm (Datum des Zugriffs: 07.11.2011)

http://www.zeichentrickserien.de/dschunge.htm (Datum des Zugriffs: 07.11.2011)

http://www.zdf.de/ZDFde/inhalt/15/0,1872,7536687_idDispatch:10932486,00.html (Datum des Zugriffs: 17.09.2011)

http://www.zdf.de/ZDFde/inhalt/15/0,1872,7536687_idDispatch:10932488,00.html (Datum des Zugriffs: 17.09.2011)

http://www.zdf.de/ZDFde/inhalt/15/0,1872,7536687_idDispatch:10932490,00.html (Datum des Zugriffs: 17.09.2011)

http://www.zdf.de/ZDFde/inhalt/15/0,1872,7536687_idDispatch:10914145,00.html (Datum des Zugriffs: 17.09.2011)

http://www.zdf.de/ZDFde/inhalt/15/0,1872,7536687_idDispatch:10932492,00.html (Datum des Zugriffs: 17.09.2011)

http://www.zdf.de/ZDFde/inhalt/15/0,1872,7536687_idDispatch:10932494,00.html (Datum des Zugriffs: 17.09.2011)

http://www.zdf.de/ZDFde/inhalt/15/0,1872,7536687_idDispatch:10934027,00.html (Datum des Zugriffs: 18.09.2011)

http://www.zdf.de/ZDFde/inhalt/15/0,1872,7536687_idDispatch:10934029,00.html (Datum des Zugriffs: 18.09.2011)

http://www.zdf.de/ZDFde/inhalt/15/0,1872,7536687_idDispatch:10934031,00.html (Datum des Zugriffs: 18.09.2011)

http://www.zdf.de/ZDFde/inhalt/15/0,1872,7536687_idDispatch:10934033,00.html (Datum des Zugriffs: 18.09.2011)

http://www.zdf.de/ZDFde/inhalt/15/0,1872,7536687_idDispatch:10934035,00.html (Datum des Zugriffs: 18.09.2011)

http://www.zdf.de/ZDFde/inhalt/15/0,1872,7536687_idDispatch:10914155,00.html (Datum des Zugriffs: 18.09.2011)

http://www.zdf.de/ZDFde/inhalt/15/0,1872,7536687_idDispatch:10912466,00.html (Datum des Zugriffs: 18.09.2011)

http://www.zdf.de/ZDFde/inhalt/15/0,1872,7536687_idDispatch:10914162,00.html (Datum des Zugriffs: 18.09.2011)

http://dierosenheim-cops.zdf.de/ZDFde/inhalt/1/0,1872,2032321_idDispatch:10927568, 00.html (Datum des Zugriffs: 12.09.2011)

http://sokokitzbuehel.zdf.de/ZDFde/inhalt/7/0,1872,2030087_idDispatch:10927575,00.html (Datum des Zugriffs: 12.09.2011)

http://soko5113.zdf.de/ZDFde/inhalt/25/0,1872,1020921_idDispatch:10917984,00.html (Datum des Zugriffs: 12.09.2011)

http://www.zdf.de/ZDFde/inhalt/25/0,1872,7922841_idDispatch:10906589,00.html (Datum des Zugriffs: 12.09.2011)

http://dierosenheim-cops.zdf.de/ZDFde/inhalt/1/0,1872,2032321_idDispatch:10927586,00.html (Datum des Zugriffs: 13.09.2011)

http://sokokitzbuehel.zdf.de/ZDFde/inhalt/7/0,1872,2030087_idDispatch:10927588,00.html (Datum des Zugriffs: 13.09.2011)

http://sokokoeln.zdf.de/ZDFde/inhalt/16/0,1872,2071760_idDispatch:10920326,00.html (Datum des Zugriffs: 13.09.2011)

http://dierosenheim-cops.zdf.de/ZDFde/inhalt/1/0,1872,2032321_idDispatch:10920332,00.html (Datum des Zugriffs: 13.09.2011)

http://dierosenheim-cops.zdf.de/ZDFde/inhalt/1/0,1872,2032321_idDispatch:10927600,00.html (Datum des Zugriffs: 14.09.2011)

http://sokokitzbuehel.zdf.de/ZDFde/inhalt/7/0,1872,2030087_idDispatch:10927602,00.html (Datum des Zugriffs: 14.09.2011) http://sokowismar.zdf.de/ZDFde/inhalt/27/0,1872,2185691_idDispatch:10922732,00.html (Datum des Zugriffs: 14.09.2011)

http://kuestenwache.zdf.de/ZDFde/inhalt/29/0,1872,2010269_idDispatch:10922740,00.html (Datum des Zugriffs: 14.09.2011)

http://dierosenheim-cops.zdf.de/ZDFde/inhalt/1/0,1872,2032321_idDispatch:10927614,00.html (Datum des Zugriffs: 15.09.2011)

http://sokokitzbuehel.zdf.de/ZDFde/inhalt/7/0,1872,2030087_idDispatch:10927616,00.html (Datum des Zugriffs: 15.09.2011)

http://sokostuttgart.zdf.de/ZDFde/inhalt/28/0,1872,7912252_idDispatch:10925452,00.html (Datum des Zugriffs: 15.09.2011)

http://notrufhafenkante.zdf.de/ZDFde/inhalt/6/0,1872,4081958_idDispatch:10925458,00.html (Datum des Zugriffs: 15.09.2011)

http://dierosenheim-cops.zdf.de/ZDFde/inhalt/1/0,1872,2032321_idDispatch:10928087,00.html (Datum des Zugriffs: 16.09.2011)

http://sokokitzbuehel.zdf.de/ZDFde/inhalt/7/0,1872,2030087_idDispatch:10928089,00.html (Datum des Zugriffs: 16.09.2011)

http://sokowien.zdf.de/ZDFde/inhalt/0/0,1872,2373344_idDispatch:10909135,00.html (Datum des Zugriffs: 16.09.2011)

http://deralte.zdf.de/ZDFde/inhalt/7/0,1872,2050279_idDispatch:10928119,00.html (Datum des Zugriffs: 16.09.2011)

http://sokoleipzig.zdf.de/ZDFde/inhalt/19/0,1872,2003187_idDispatch:10928121,00.html (Datum des Zugriffs: 16.09.2011)

http://www.zdf.de/ZDFde/inhalt/6/0,1872,1404038_idDispatch:10895106,00.html (Datum des Zugriffs: 16.09.2011)

http://www.zdf.de/ZDFde/inhalt/6/0,1872,1404038_idDispatch:10928137,00.html (Datum des Zugriffs: 16.09.2011)

http://www.zdf.de/ZDFde/inhalt/11/0,1872,1021323_idDispatch:10932524,00.html (Datum des Zugriffs: 17.09.2011)

http://derermittler.zdf.de/ZDFde/inhalt/31/0,1872,1021791_idDispatch:10932526,00.html (Datum des Zugriffs: 17.09.2011)

http://www.zdf.de/ZDFde/inhalt/25/0,1872,7922841_idDispatch:10934075,00.html (Datum des Zugriffs: 18.09.2011)

http://www.zdf.de/ZDFde/inhalt/6/0,1872,1404038_idDispatch:10928129,00.html (Datum des Zugriffs: 17.09.2011)

http://www.zdf.de/ZDFde/inhalt/31/0,1872,8335487,00.html (Datum des Zugriffs: 18.09.2011)

http://www.zdf.de/ZDFde/inhalt/6/0,1872,1404038_idDispatch:10916559,00.html (Datum des Zugriffs: 12.09.2011)

http://www.zdf.de/ZDFde/inhalt/27/0,1872,1021083_idDispatch:10917962,00.html (Datum des Zugriffs: 12.09.2011)

http://www.zdf.de/ZDFde/inhalt/6/0,1872,1404038_idDispatch:10917964,00.html (Datum des Zugriffs: 12.09.2011)

http://heuteineuropa.zdf.de/ZDFde/inhalt/14/0,1872,1021102_idDispatch:10917974,00.html (Datum des Zugriffs: 12.09.2011)

http://hallodeutschland.zdf.de/ZDFde/inhalt/20/0,1872,1021108_idDispatch:10917980,00.html (Datum des Zugriffs: 12.09.2011)

http://www.zdf.de/ZDFde/inhalt/25/0,1872,1021113_idDispatch:10917982,00.html (Datum des Zugriffs: 12.09.2011)

http://www.zdf.de/ZDFde/inhalt/30/0,1872,1021118_idDispatch:10917986,00.html (Datum des Zugriffs: 12.09.2011)

http://heutejournal.zdf.de/ZDFde/inhalt/0/0,1872,1021120_idDispatch:10917994,00.html (Datum des Zugriffs: 12.09.2011)

http://heutenacht.zdf.de/ZDFde/inhalt/3/0,1872,1021123_idDispatch:10918000,00.html (Datum des Zugriffs: 12.09.2011)

http://www.zdf.de/ZDFde/inhalt/6/0,1872,1404038_idDispatch:10918020,00.html (Datum des Zugriffs: 13.09.2011)

http://www.zdf.de/ZDFde/inhalt/27/0,1872,1021083_idDispatch:10920304,00.html (Datum des Zugriffs: 13.09.2011)

http://www.zdf.de/ZDFde/inhalt/6/0,1872,1404038_idDispatch:10920306,00.html (Datum des Zugriffs: 13.09.2011)

http://heuteineuropa.zdf.de/ZDFde/inhalt/14/0,1872,1021102_idDispatch:10920316,00.html (Datum des Zugriffs: 13.09.2011)

http://hallodeutschland.zdf.de/ZDFde/inhalt/20/0,1872,1021108_idDispatch:10920322,00.html (Datum des Zugriffs: 13.09.2011)

http://www.zdf.de/ZDFde/inhalt/25/0,1872,1021113_idDispatch:10920324,00.html (Datum des Zugriffs: 13.09.2011)

http://www.zdf.de/ZDFde/inhalt/30/0,1872,1021118_idDispatch:10920328,00.html (Datum des Zugriffs: 13.09.2011)

http://heutejournal.zdf.de/ZDFde/inhalt/0/0,1872,1021120_idDispatch:10920338,00.html (Datum des Zugriffs: 13.09.2011)

http://heutenacht.zdf.de/ZDFde/inhalt/3/0,1872,1021123_idDispatch:10920346,00.html (Datum des Zugriffs: 13.09.2011)

http://www.zdf.de/ZDFde/inhalt/6/0,1872,1404038_idDispatch:10920368,00.html (Datum des Zugriffs: 14.09.2011)

http://www.zdf.de/ZDFde/inhalt/27/0,1872,1021083_idDispatch:10922710,00.html (Datum des Zugriffs: 14.09.2011)

http://www.zdf.de/ZDFde/inhalt/6/0,1872,1404038_idDispatch:10922712,00.html (Datum des Zugriffs: 14.09.2011)

http://heuteineuropa.zdf.de/ZDFde/inhalt/14/0,1872,1021102_idDispatch:10922722,00.html (Datum des Zugriffs: 14.09.2011)

http://hallodeutschland.zdf.de/ZDFde/inhalt/20/0,1872,1021108_idDispatch:10922728,00.html (Datum des Zugriffs: 14.09.2011)

http://www.zdf.de/ZDFde/inhalt/25/0,1872,1021113_idDispatch:10922730,00.html (Datum des Zugriffs: 14.09.2011)

http://www.zdf.de/ZDFde/inhalt/30/0,1872,1021118_idDispatch:10922736,00.html (Datum des Zugriffs: 14.09.2011)

http://heutejournal.zdf.de/ZDFde/inhalt/0/0,1872,1021120_idDispatch:10922744,00.html (Datum des Zugriffs: 14.09.2011)

http://heutenacht.zdf.de/ZDFde/inhalt/3/0,1872,1021123_idDispatch:10922754,00.html (Datum des Zugriffs: 14.09.2011)

http://www.zdf.de/ZDFde/inhalt/6/0,1872,1404038_idDispatch:10922774,00.html (Datum des Zugriffs: 15.09.2011)

http://www.zdf.de/ZDFde/inhalt/27/0,1872,1021083_idDispatch:10925430,00.html (Datum des Zugriffs: 15.09.2011)

http://www.zdf.de/ZDFde/inhalt/6/0,1872,1404038_idDispatch:10925432,00.html (Datum des Zugriffs: 15.09.2011)

http://heuteineuropa.zdf.de/ZDFde/inhalt/14/0,1872,1021102_idDispatch:10925442,00.html (Datum des Zugriffs: 15.09.2011)

http://hallodeutschland.zdf.de/ZDFde/inhalt/20/0,1872,1021108_idDispatch:10925448,00.html (Datum des Zugriffs: 15.09.2011)

http://www.zdf.de/ZDFde/inhalt/25/0,1872,1021113_idDispatch:10925450,00.html (Datum des Zugriffs: 15.09.2011)

http://www.zdf.de/ZDFde/inhalt/30/0,1872,1021118_idDispatch:10925454,00.html (Datum des Zugriffs: 15.09.2011)

http://heutejournal.zdf.de/ZDFde/inhalt/0/0,1872,1021120_idDispatch:10925462,00.html (Datum des Zugriffs: 15.09.2011)

http://heutenacht.zdf.de/ZDFde/inhalt/3/0,1872,1021123_idDispatch:10925470,00.html (Datum des Zugriffs: 15.09.2011)

http://www.zdf.de/ZDFde/inhalt/6/0,1872,1404038_idDispatch:10925486,00.html (Datum des Zugriffs: 16.09.2011)

http://www.zdf.de/ZDFde/inhalt/27/0,1872,1021083_idDispatch:10928093,00.html (Datum des Zugriffs: 16.09.2011)

http://www.zdf.de/ZDFde/inhalt/6/0,1872,1404038_idDispatch:10928095,00.html (Datum des Zugriffs: 16.09.2011)

http://heuteineuropa.zdf.de/ZDFde/inhalt/14/0,1872,1021102_idDispatch:10928105,00.html (Datum des Zugriffs: 16.09.2011)

http://hallodeutschland.zdf.de/ZDFde/inhalt/20/0,1872,1021108_idDispatch:10928111,00.html (Datum des Zugriffs: 16.09.2011)

http://www.zdf.de/ZDFde/inhalt/25/0,1872,1021113_idDispatch:10928113,00.html (Datum des Zugriffs: 16.09.2011)

http://www.zdf.de/ZDFde/inhalt/30/0,1872,1021118_idDispatch:10928115,00.html (Datum des Zugriffs: 16.09.2011)

http://heutejournal.zdf.de/ZDFde/inhalt/0/0,1872,1021120_idDispatch:10928123,00.html (Datum des Zugriffs: 16.09.2011)

http://heutenacht.zdf.de/ZDFde/inhalt/3/0,1872,1021123_idDispatch:10928133,00.html (Datum des Zugriffs: 16.09.2011)

http://wochenjournal.zdf.de/ZDFde/inhalt/5/0,1872,1021125_idDispatch:10932502,00.html (Datum des Zugriffs: 17.09.2011)

http://hallodeutschland.zdf.de/ZDFde/inhalt/20/0,1872,1021108_idDispatch:10932516,00.html (Datum des Zugriffs: 17.09.2011)

http://www.zdf.de/ZDFde/inhalt/30/0,1872,1021118_idDispatch:10928115,00.html (Datum des Zugriffs: 17.09.2011)

http://heutejournal.zdf.de/ZDFde/inhalt/0/0,1872,1021120_idDispatch:10932528,00.html (Datum des Zugriffs: 17.09.2011)

http://www.zdf.de/ZDFde/inhalt/30/0,1872,1021118_idDispatch:10934065,00.html (Datum des Zugriffs: 18.09.2011)

http://www.zdf.de/ZDFde/inhalt/27/0,1872,7602939_idDispatch:10934069,00.html (Datum des Zugriffs: 18.09.2011)

http://heutejournal.zdf.de/ZDFde/inhalt/0/0,1872,1021120_idDispatch:10934073,00.html (Datum des Zugriffs: 18.09.2011)

http://www.zdf.de/ZDFde/inhalt/15/0,1872,5268079_idDispatch:10971885,00.html (Datum des Zugriffs: 12.09.2011)

http://frontal21.zdf.de/ZDFde/inhalt/25/0,1872,8233113,00.html (Datum des Zugriffs: 13.09.2011)

http://37grad.zdf.de/ZDFde/inhalt/14/0,1872,1020910_idDispatch:10920342,00.html (Datum des Zugriffs: 13.09.2011)

http://auslandsjournal.zdf.de/ZDFde/inhalt/3/0,1872,8351011,00.html (Datum des Zugriffs: 14.09.2011)

http://zoom.zdf.de/ZDFde/inhalt/9/0,1872,8235273_idDispatch:10922750,00.html (Datum des Zugriffs: 14.09.2011)

http://maybritillner.zdf.de/ZDFde/inhalt/19/0,1872,1021235_idDispatch:10925466,00.html (Datum des Zugriffs: 15.09.2011)

http://www.zdf.de/ZDFde/inhalt/6/0,1872,1404038_idDispatch:10932504,00.html (Datum des Zugriffs: 17.09.2011)

http://laenderspiegel.zdf.de/ZDFde/inhalt/7/0,1872,8247463,00.html (Datum des Zugriffs: 17.09.2011)

http://menschen.zdf.de/ZDFde/inhalt/16/0,1872,2029872_idDispatch:10927811,00.html (Datum des Zugriffs: 17.09.2011)

http://monalisa.zdf.de/ZDFde/inhalt/18/0,1872,1020210_idDispatch:10932514,00.html (Datum des Zugriffs: 17.09.2011)

http://sonntags.zdf.de/ZDFde/inhalt/11/0,1872,2042251_idDispatch:10934039,00.html (Datum des Zugriffs: 18.09.2011)

http://gottesdienste.zdf.de/ZDFde/inhalt/23/0,1872,1020727_idDispatch:10934041,00.html?dr=1 (Datum des Zugriffs: 18.09.2011)

http://blickpunkt.zdf.de/ZDFde/inhalt/4/0,1872,1020868,00.html?dr=1 (Datum des Zugriffs: 18.09.2011)

http://peterhahne.zdf.de/ZDFde/inhalt/7/0,1872,8076487_idDispatch:10934047,00.ht
ml (Datum des Zugriffs: 18.09.2011)

http://www.zdf.de/ZDFde/inhalt/27/0,1872,7602939_idDispatch:10934063,00.html
(Datum des Zugriffs: 18.09.2011)

http://www.zdf.de/ZDFde/inhalt/27/0,1872,7602939_idDispatch:10934067,00.html
(Datum des Zugriffs: 12.09.2011)

http://history.zdf.de/ZDFde/inhalt/26/0,1872,1020218_idDispatch:10932306,00.html
(Datum des Zugriffs: 12.09.2011)

http://vollekanne.zdf.de/ZDFde/inhalt/28/0,1872,1020540_idDispatch:10885004,00.ht
ml (Datum des Zugriffs: 12.09.2011)

http://wiso.zdf.de/ZDFde/inhalt/25/0,1872,1001625_idDispatch:10917990,00.html
(Datum des Zugriffs: 12.09.2011)

http://dieaerzte.zdf.de/ZDFde/inhalt/5/0,1872,7900229_idDispatch:10869047,00.html
(Datum des Zugriffs: 12.09.2011)

http://vollekanne.zdf.de/ZDFde/inhalt/28/0,1872,1020540_idDispatch:10885006,00.ht
ml (Datum des Zugriffs: 13.09.2011)

http://dieaerzte.zdf.de/ZDFde/inhalt/5/0,1872,7900229_idDispatch:10884941,00.html
(Datum des Zugriffs: 13.09.2011)

http://vollekanne.zdf.de/ZDFde/inhalt/28/0,1872,1020540_idDispatch:10885008,00.ht
ml (Datum des Zugriffs: 14.09.2011)

http://dieaerzte.zdf.de/ZDFde/inhalt/5/0,1872,7900229_idDispatch:10879633,00.html
(Datum des Zugriffs: 14.09.2011)

http://vollekanne.zdf.de/ZDFde/inhalt/28/0,1872,1020540_idDispatch:10885010,00.ht
ml (Datum des Zugriffs: 15.09.2011)

http://dieaerzte.zdf.de/ZDFde/inhalt/5/0,1872,7900229_idDispatch:10884943,00.html
(Datum des Zugriffs: 15.09.2011)

http://vollekanne.zdf.de/ZDFde/inhalt/28/0,1872,1020540_idDispatch:10885012,00.ht
ml (Datum des Zugriffs: 16.09.2011)

http://www.zdf.de/ZDFde/inhalt/7/0,1872,2045223_idDispatch:10928149,00.html (Datum des Zugriffs: 16.09.2011)

http://www.zdf.de/ZDFde/inhalt/7/0,1872,2045223_idDispatch:10932542,00.html (Datum des Zugriffs: 17.09.2011)

http://herzflimmern.zdf.de/ZDFde/inhalt/14/0,1872,8208142_idDispatch:10917976,00.html (Datum des Zugriffs: 12.09.2011)

http://herzflimmern.zdf.de/ZDFde/inhalt/14/0,1872,8208142_idDispatch:10920318,00.html (Datum des Zugriffs: 13.09.2011)

http://herzflimmern.zdf.de/ZDFde/inhalt/14/0,1872,8208142_idDispatch:10922724,00.html (Datum des Zugriffs: 14.09.2011)

http://herzflimmern.zdf.de/ZDFde/inhalt/14/0,1872,8208142_idDispatch:10925444,00.html (Datum des Zugriffs: 15.09.2011)

http://herzflimmern.zdf.de/ZDFde/inhalt/14/0,1872,8208142_idDispatch:10928107,00.html (Datum des Zugriffs: 16.09.2011)

http://dierettungsflieger.zdf.de/ZDFde/inhalt/9/0,1872,2061609_idDispatch:10925362,00.html (Datum des Zugriffs: 16.09.2011)

http://derbergdoktor.zdf.de/ZDFde/inhalt/20/0,1872,7150356_idDispatch:10932522,00.html (Datum des Zugriffs: 17.09.2011)

http://sportstudio.zdf.de/ZDFde/inhalt/18/0,1872,2062962_idDispatch:10914112,00.html (Datum des Zugriffs: 17.09.2011)

http://sportreportage.zdf.de/ZDFde/inhalt/18/0,1872,8352722,00.html (Datum des Zugriffs: 18.09.2011)

http://kuechenschlacht.zdf.de/ZDFde/inhalt/19/0,1872,7142675_idDispatch:10917968,00.html (Datum des Zugriffs: 12.09.2011)

http://topfgeldjaeger.zdf.de/ZDFde/inhalt/13/0,1872,8091757_idDispatch:10917972,00.html (Datum des Zugriffs: 12.09.2011)

http://markuslanz.zdf.de/ZDFde/inhalt/1/0,1872,7243009_idDispatch:10920344,00.html (Datum des Zugriffs: 13.09.2011) http://million.zdf.de/ZDFde/inhalt/22/0,1872,8108374_idDispatch:10922742,00.html (Datum des Zugriffs: 14.09.2011)

http://markuslanz.zdf.de/ZDFde/inhalt/1/0,1872,7243009_idDispatch:10922752,00.html (Datum des Zugriffs: 14.09.2011)

http://www.zdf.de/ZDFde/inhalt/6/0,1872,1404038_idDispatch:10922770,00.html (Datum des Zugriffs: 14.09.2011)

http://markuslanz.zdf.de/ZDFde/inhalt/1/0,1872,7243009_idDispatch:10925468,00.html (Datum des Zugriffs: 15.09.2011)

http://www.zdf.de/ZDFde/inhalt/6/0,1872,1404038_idDispatch:10925482,00.html (Datum des Zugriffs: 15.09.2011)

http://heuteshow.zdf.de/ZDFde/inhalt/23/0,1872,7555031_idDispatch:10928127,00.html (Datum des Zugriffs: 16.09.2011)

http://lanzkocht.zdf.de/ZDFde/inhalt/2/0,1872,7243042_idDispatch:10928131,00.html (Datum des Zugriffs: 16.09.2011)

http://laferlichterlecker.zdf.de/ZDFde/inhalt/20/0,1872,4084468_idDispatch:10932508,00.html (Datum des Zugriffs: 17.09.2011)

http://fernsehgarten.zdf.de/ZDFde/inhalt/27/0,1872,1021211_idDispatch:10914109,00.html (Datum des Zugriffs: 18.09.2011)

http://www.zdf.de/ZDFde/inhalt/13/0,1872,2296077_idDispatch:10918014,00.html (Datum des Zugriffs: 12.09.2011)

http://dokumentation.zdf.de/ZDFde/inhalt/19/0,1872,1021587_idDispatch:10920334,00.html (Datum des Zugriffs:13.09.2011)

http://umwelt.zdf.de/ZDFde/inhalt/30/0,1872,1020478_idDispatch:10934049,00.html (Datum des Zugriffs:18.09.2011)

http://leschskosmos.zdf.de/ZDFde/inhalt/20/0,1872,7960116_idDispatch:10934079,00.html (Datum des Zugriffs:18.09.2011)

http://www.zdf.de/ZDFde/inhalt/6/0,1872,1404038_idDispatch:10934081,00.html (Datum des Zugriffs:18.09.2011) http://www.zdf.de/ZDFde/inhalt/6/0,1872,1404038_idDispatch:10934083,00.html (Datum des Zugriffs:18.09.2011)

http://www.zdf.de/ZDFde/inhalt/6/0,1872,1404038_idDispatch:10934087,00.html (Datum des Zugriffs:18.09.2011)

http://www.zdf.de/ZDFde/inhalt/6/0,1872,1404038_idDispatch:10934089,00.html (Datum des Zugriffs:18.09.2011)

http://www.zdf.de/ZDFde/inhalt/13/0,1872,2296077_idDispatch:10920364,00.html (Datum des Zugriffs:18.09.2011)

http://heuteineuropa.zdf.de/ZDFde/inhalt/22/0,1872,5563318,00.html (Datum des Zugriffs: 10.11.2011)

http://herzflimmern.zdf.de/ZDFde/inhalt/15/0,1872,8211023,00.html (Datum des Zugriffs: 26.10.2011)